¡TENGO MIEDO!

Bullying en las escuelas

¡TENGO MIEDO!

Bullying en las escuelas

Jesús Acevedo

EDITORIAL TRILLAS

México, Argentina, España,
Colombia, Puerto Rico, Venezuela

Catalogación en la fuente

Acevedo, Jesús
  ¡Tengo miedo! bullying en las escuelas. -- México :
Trillas, 2012.
  182 p. ; 23 cm.
  Incluye índices
  ISBN 978-607-17-1220-2

  1. Escuela. 2. Comunidad y escuela. 3. Agresividad
(Psicología). I. t.

D- 371.58'A545t   LC- LB3013.3'A2.8

Universidad Autónoma de Coahuila
Boulevar Venustiano Carranza s/n
colonia República Ote.
C. P. 25280 Saltillo, Coahuila

División Administrativa,
Av. Río Churubusco 385,
Col. Gral. Pedro María Anaya,
C. P. 03340, México, D. F.
Tel. 56884233, FAX 56041364

División Comercial,
Calzada de la Viga 1132,
C. P. 09439, México, D. F.
Tel. 56330995
FAX 56330870

www.trillas.com.mx

Tienda en línea
www.etrillas.com.mx

Miembro de la Cámara Nacional de
la Industria Editorial
Reg. núm. 158

Primera edición, junio 2012
ISBN 978-607-17-1220-2

Universidad Autónoma de Coahuila
ISBN 978-607-506-073-6

Impreso en México
Printed in Mexico

Prólogo

¡Tengo miedo! Bullying en las escuelas, es una obra que atrapa, por el problema que encara y por la forma de abordarlo. Pero no solamente nos acerca al *bullying*, pues las fronteras de la violencia en sus múltiples expresiones son recorridas en la amplia disección que hace Jesús Acevedo ("maras", bravucones, sicarios, en bisagra con el bullying, parte de él). Cabe aclarar que el bullying es un problema de larga historia, está presente lo mismo en *Oliver Twist* (Dickens) como en *Los olvidados* (Buñuel), y en las historias que quedaron pendientes de contarse por los abuelos, como lo sugiere Rosencof en *Las cartas que no llegaron.*

La lectura del libro, asociada a la fuerza del contexto, me llevó a una experiencia vivida muchos años atrás, a mi primer encuentro con Foucault. Confieso las marcas de ese encontronazo. La narración meticulosa del sufrimiento de Damiens, en "El cuerpo de los condenados",* me estremeció: condenado por parricidio.

…debía ser llevado y conducido en una carreta, desnudo, en camisa, con un hacha de vela encendida de dos libras de peso en la mano… sobre un cadalso que allí habrá sido levantado [deberán serle], atenazadas las tetillas, brazos, muslos y pantorrillas, y su mano derecha, asido en ésta el cuchillo con que cometió dicho parricidio, quemada con fuego de azufre… su cuerpo estirado y desmembrado por cuatro caballos y sus miembros y troncos consumidos en el fuego.

*En *Vigilar y castigar. Nacimiento de la prisión*, Siglo Veintiuno Editores, colección Nueva criminología y Derecho, México, 1980.

Sometimiento corporal, "cuerpos dóciles", encauzamiento de las almas:

> Una "anatomía política", que es igualmente una "mecánica del poder", está naciendo; define cómo se puede hacer presa en el cuerpo de los demás, no simplemente para que ellos hagan lo que se desea, sino para que operen como se quiere, con las técnicas, según la rapidez y la eficacia que se determina. La disciplina fabrica así cuerpos sometidos y ejercitados, cuerpos dóciles...

así lo apuntaría Foucault.

Los que cercenaron el cuerpo de Damiens, los que aplaudieron el hecho, ubicaron esta violencia como algo aceptable socialmente, como legítima: se lo merecía el maldito; seguro lo pensó más de uno de los verdugos directos y cómplices (no olvidemos que el bullying, apunta Acevedo, también es cobijado socialmente, lo que permite su reproducción y falta de visibilidad).

Antes de ese castigo (2 de marzo de 1757), Marx nos acerca a la mitad del siglo pasado, al hacer referencia a la creación de leyes que obliguen a trabajar a la población en general:

> Para los vagabundos jóvenes y fuertes, azotes y reclusión. Se les atará a la parte trasera de un carro y se les azotará hasta que la sangre mane de su cuerpo, devolviéndolo luego, bajo juramento, a su pueblo natal o al sitio en que haya residido durante los últimos tres años, para que se "pongan a trabajar" (se reafirma el estatuto, y se le hacen adiciones. Nota del autor)... En caso de reincidencia y vagabundeo, deberá azotarse de nuevo al culpable y cortarle media oreja, a la tercera vez que se le sorprenda, se le ahorcará como criminal peligroso y enemigo de la sociedad.

De Europa a América, de la acumulación originaria del capital en Europa a las minas del Potosí; de los pescadores de Escocia al despojo de los indios americanos de *su* tierra, generando la escisión del sujeto de las condiciones objetivas para reproducirse (las distintas manifestaciones de la violencia que vivimos tiene esta impronta, generando nuevas élites, nuevas disciplinas, nuevos espacios de control de las poblaciones). El grito de "no más sangre" rompe las fronteras de nuestro tiempo. Las monarquías francesa y británica, en los ejemplos citados, auspiciaban el despojo y la violencia; en México –para no quedarnos atrás–, se impuso el peso de la normatividad para castigar, es lo que se señala explícitamente, la holganza, concretada en la "Ley para juzgar a los ladrones, homicidas, heridores y vagos", del 5 de enero de 1857.

Mirando al México de nuestros días, ¡cómo nos invita en su lectura Acevedo! Encontramos los detalles de la violencia en las escuelas, en los hogares, en las fábricas, en las avenidas. El fantasma de la violencia recorre la geografía mexicana: cerremos los ojos frente al mapa de México, y nuestro índice, no importa hacia dónde se dirija, apuntará hacia la misma historia, en Cd. Juárez, Morelia, en cualquier destino del abecedario del país: vagabundos, mujeres, jóvenes (los "ninis" como argumento), miles de Damiens (los más sin ninguna culpa) cosificados en la estadística oficial de "daños colaterales", sin anestesia, y que han vivido o vivieron el sometimiento corporal en sus expresiones más brutales. Es una historia dolorosa por el reducido número de náufragos. A los que sobrevivieron les debemos historias que erizan. Ese es uno de los méritos del trabajo de esta obra: nos obliga a mirar la realidad incómoda, a toparnos bruscamente con lo que somos por ausencia y silencios.

Damiens nos hace levantar las cejas por la sorpresa, por el descubrimiento de lo que somos capaces. Así es el tamaño de las sorpresas, y pareciera que la tendencia a la baja de la indignación, al conformismo social de historias que no son naturales, que no podemos, por el peso de lo cotidiano, "normalizar", como cuando nos narra Acevedo un encuentro con un niño:

> –Me gusta jugar así, porque ser sicario es lo que yo quiero ser de grande, ellos tienen el dinero, el poder y además ponen a temblar a todos los pelones (militares), mi papá me dice, que yo sea lo que quiera ser de grande, y si voy a ser sicario debo de ser el mejor. Mi rostro empalideció –plantea Acevedo– y se llenó de confusión, de desolación, de preocupación, no concebía lo que el niño me decía; en mi mente me revoloteaban tales afirmaciones, no comprendía…

Un niño que con el apoyo del padre está trazando su porvenir; juega a los matones, no a los doctores que le curarán las heridas; ensaya a golpes con sus amigos, un sicario en potencia enfundado en pantalones cortos, con armamento de juguete como antesala de una realidad que despojó cualquier atisbo de inocencia, extraviada cualquier cosa que aluda a la solidaridad, al afecto.

En el seguimiento puntual que realiza Acevedo registra la discusión sobre el bullying. ¿Dónde surge, qué evoca, cómo nos ayuda a explicar nuestras realidades? Seguir las huellas del mapa teórico es un apoyo para el especialista, pero también para el profesor que vive en el aula problemas de esta naturaleza, para los padres que quieren apoyar a sus hijos con algo más que asistir a la firma de boletas. Se trata de una discusión pertinente y urgente, si creemos que vale la pena edificar y reconstruir zonas de cohesión social. Una discusión pertinente, porque permite hacer una interpretación de lo que se vive, por ejemplo, en la escuela mexicana y, en consecuencia, en las casas, esos lugares que presentan porosidades en la urdimbre de la protección. Es urgente porque estamos viviendo la institucionalización del sufrimiento.

En otra parte de su exposición, cita Acevedo: "Poveda destaca que la mayoría de los *mareros* se inician a una edad temprana (alrededor de los trece y quince años); que son niños criados por un solo padre y, en muchos casos, maltratados; crecen con graves carencias económicas, con prácticamente nulas posibilidades de recibir educación formal." Hay que llevarlo a la confrontación empírica, pero por lo pronto es un argumento de terror, si consideramos que en México la pobreza y la desigualdad son parte de lo estructuralmente cotidiano; es decir, de dos condiciones sociales, entre otras, que pueden alentar el reclutamiento.

Acerquémonos a hechos que apuntan, desde cierto ángulo, a la erosión de zonas de cohesión social: la incorporación de la mujer al mercado de trabajo es un fenómeno creciente, con repercusiones en las unidades domésticas, trastoca roles sociales convencionalmente aceptados: la importancia del rol masculino como proveedor principal o único, como uno de los ejemplos más evidentes. No podemos soslayar que en 1990, de cada 100 trabajadores, 19 eran mujeres; diez años más tarde, en el 2000, de cada 100 personas que participan en la economía, 29.9 son mujeres; esta cifra se incrementó a 33.3, de acuerdo con los datos censales del 2010.

El argumento conservador es que esta incorporación laboral se ha traducido en descuido del hogar, donde la televisión desempeña un papel central de educadora (por ello Bandula canta que "apaga la tele y luego proponles un buen juego"). Tampoco es de menor relieve la distribución de las jefaturas por género en los hogares: en 1970, los hogares con jefatura masculina llegaban a 82.63 %, en tanto la jefatura femenina alcanzaba 17.37 %. De acuerdo con los datos censales de 2000, las mujeres ocupaban la jefatura en los hogares en el orden de 20.6 %, en tanto en el conteo de 2005, la jefatura masculina ocupaba en los hogares 76.95 %, mientras que la presencia femenina llegaba a 23.05 %, incrementándose en el 2010 a 24.6 %; por cierto, en la evidencia empírica recabada de escuelas públicas en México se encontró que en las familias monoparentales con jefatura masculina, se dobla la violencia frente a los hijos, en comparación con las familias monoparentales con jefatura femenina (40.54% y 17.46%, respectivamente).

No son datos que deban generalizarse, pero algo muy importante sugieren. No está disociado este conjunto de argumentos de la historia estadística de la relación matrimonio-divorcio en una línea de tiempo de un poco más de 35 años. En 1970, de cada 100 matrimonios 3.2 se divorciaban. En una tendencia acelerada al divorcio, que no es sino la expresión de la crisis del matrimonio y de la pareja, que incluye violencia intrafamiliar, cambios en las percepciones de los sujetos, la incorporación de la mujer en las actividades económicas, la emergencia de los derechos sociales de las mujeres, entre otros; en el 2000 el porcentaje de divorcios era de 7.4 por cada 100 matrimonios, en tanto que en 2005 aumentó a 11.8%. Esto significa que en un lapso de 35 años (1970-2005) el divorcio creció 268.75%.

Si a esta complejidad se agrega la tendencia a la baja del peso del catolicismo, en parte debido a la disminución de la población que se presenta como católica, y por otro lado, por prácticas sociales que marcan diferencias con el pensamiento religioso: disminución en la tasa global de fecundidad, de 5.7 en 1976, a 2.2, en 2006, lo que pone en escena una idea del cuerpo y de la sexualidad que se aparta del discurso religioso, disminución del número de matrimonios religiosos e incremento del divorcio. A este mosaico complejo se le agrega la expansión del desempleo (de 2007 a 2009, con una tasa de crecimiento de 48.5%), la precariedad laboral y el sector informal.

Sin incurrir en posturas conservadoras, somos testigos de una geografía mexicana modificada por el cambio cultural, el impacto de la violencia y por la destrucción de las zonas de cohesión social (cambios en la familia, en la estructura ocupacional, en los roles dentro de los hogares, cierres de empresas, el desempleo como una solución para la empresa más que como un problema social), quizá sin haber construido nuevos campos de soporte social.

Hay razones para preocuparse después de cerrar las páginas del libro. Me acosa una de ellas: con el "dejar hacer", que ejercitamos en nuestra acción social dominante lo que estamos generando en el niño acosado es, como lo apunta el autor en una de las líneas de reflexión sobre el bullying,

un sentimiento de culpa que afecta su autoestima y, por ende, el autoconcepto que se va formando de sí mismo, lo que representa un impacto devastador en su desarrollo y maduración psicológica. De este modo, un niño normal o incluso brillante que ha sido expuesto a climas de bullying puede pasar a ser una sombra de lo que fue.

Reflexionando sobre estas líneas, como un intento de poner orden en las emociones, la corriente me llevó a pensar en el suicidio infantil como una expresión de una cohesión social desgarrada. Es cierto que este texto puede generar múltiples lecturas, pero sin fatalismos ésta fue la mía. De acuerdo con datos oficiales, paulatinamente se ha ido incrementando el número de suicidios en la población infantil de 10 a 14 años, en particular en las niñas: la proporción de suicidios en muertes violentas, en la franja de edad citada (población infantil que asiste de 4o. de primaria a 2o. de secundaria, acorde con las edades convencionales en que se realiza la educación básica), en 1990 llegó a 2.1 %, y en 2008 alcanzó 13 %.

¿Qué pasó por la cabeza y los sentimientos de estos niños, de qué tamaño ha sido el sufrimiento para que bajaran la guardia, en qué parte del piso quedó su autoestima y tal vez la mancha de su sangre? ¿Tendrá relación con el bullying, el acoso en familia, con la destrucción del hogar como espacio de protección? En las trayectorias personales de estos niños con nombres, apellidos e historias personales, se encuentra la respuesta, lo que no significa que sea legible.

En su trabajo el autor nos aporta claves para acercarnos a la comprensión del fenómeno, de franjas sociales en las que destaca el sufrimiento, de los condenados de la tierra por un vínculo de dominación socialmente aceptado. Hacer visible el fenómeno es parte de la contribución de este libro, señalando la importancia de no descuidarnos frente a la degradación humana. Enhorabuena.

ALEJANDRO ESPINOSA YÁÑEZ

Índice de contenido

Prólogo   5

Cap. 1. **El *bullying* y su percepción social**   13
Conocimiento de la violencia, 14. Bullying en los climas de violencia, 16. Bullying como problema social, 17. Acentuaciones del bullying, 19. Causas del bullying, 22. Efectos del bullying, 25. Tipología de la intimidación, 27. Espacio del bullying, 31. Rasgos del agresor, 32. Rasgos de la víctima, 34. Espectadores, 38. Factores intervinientes, 39.

Cap. 2. **Discusión actual del bullying**   41
Estudios en Europa, 47. Estudios en Latinoamérica, 50. Estudios en México, 56. Discusiones teóricas de la antisocialidad y el bullying, 59.

Cap. 3. **Cultura de la intimidación: creando nuevos oficios**   77
Antisocialidad *vs.* conductas delictivas, 79.

Cap. 4. **Retratos de familia**   85
La vida loca de Poveda (historias de maras), 85. El *Ponchis* (el niño sicario), 91. Violencia como estilo de vida (notas para reflexionar), 95.

Cap. 5. **Bravucones en Coahuila, México**   105
La intimidación dentro de los contextos educativos

(primaria y secundaria), 105. Intimidación dentro de los contextos educativos (preparatorias y facultades de la UA de C), 114.

Cap. 6. Manual del perfecto bravucón (modelos de prevención)   **123**
Cómo identificar el bullying, 124. Modelos de intervención, 128.

Consideraciones finales   **139**

Anexos   **145**
Anexo 1. Cuestionario sobre intimidación y maltrato entre iguales (CIMEI) dirigido a alumnos de secundaria, 145. **Anexo 2.** Cuestionario sobre intimidación y maltrato entre iguales (CIMEI) dirigido a profesores, 153. **Anexo 3.** Cuestionario sobre intimidación y maltrato entre iguales, 156.

Referencias bibliográficas   **161**
Índice onomástico   **177**
Índice analítico   **181**

El *bullying* y su percepción social

A lo largo de la historia los medios de comunicación han retratado en sus desplegados periodísticos, noticieros y documentales el llamado *clima de violencia*, mediante ilustraciones de intimidación, corrupción, agresiones, secuestros, enfrentamientos y ajustes de cuentas por el crimen organizado; en las extorsiones y la presencia cada vez más crítica de la inseguridad pública. Realidades que en la actualidad forman parte de la cotidianidad de los habitantes en sus distintos contextos habitacionales: en la esquina, en la colonia o barrio, en el contexto educativo, en el trayecto a casa o centro de trabajo, o en cualquier escenario donde se genere algún tipo de interacción o roce entre individuos, son testigos de algunas de las manifestaciones ya citadas que atentan contra la armonía social.

Acevedo (2011) expone que dentro de dichos climas de violencia es innegable la presencia de las llamadas *conductas antisociales*, las cuales se pueden manifestar en una amplia gama de actividades, como: acciones agresivas, hurtos, vandalismo, piromanía, mentira, ausentismo escolar y huidas de casa. Agrega que en los niños y adolescentes estas conductas se pueden manifestar en agresiones, peleas con golpes e insultos, mentiras, consumo de drogas, desacato de reglas y expectativas sociales importantes, atentando con ello el entorno de las personas y las propiedades. En ocasiones la conducta antisocial se torna más gravosa en la medida en que el niño o el joven empieza a confrontar los sistemas de justicia penal, situación que se genera al pasar de una conducta antisocial a una conducta delictiva (Acevedo, 2011).

Destaca el autor que la conducta antisocial incluye las acciones que realiza el sujeto, como pueden ser: la disrupción, alteración del orden, en centros educativos –acciones de baja intensidad que interrumpen el ritmo de las clases–; los problemas de disciplina –conflictos entre profesor/alumno, jefe/empleado, padre/hijo–; el maltrato entre iguales; el vandalismo; la violencia física; el acoso o violencia sexual; actos delictivos y la violencia perversa; así como el *bullying*, entre otros. Acevedo (2011) destaca la necesidad de avanzar en el estudio y la reflexión de cada una de las diferentes aristas del clima de violencia, contribuyendo así a la generación de modelos preventivos que puedan contrarrestar las inercias y reproducciones sociales de perfiles altamente delictivos, que lo único que están produciendo, aparte de agudizar el clima de violencia, es la saturación de los centros penitenciaros y la incorporación de los jóvenes a las filas del crimen organizado.

CONOCIMIENTO DE LA VIOLENCIA

La Organización Mundial de la Salud define la violencia como el uso deliberado de fuerza física o el poder, ya sea en grado de amenaza o efectivo, contra uno mismo, otra persona o un grupo o comunidad, que cause o tenga muchas probabilidades de causar lesiones, muerte, daños psicológicos, trastornos mortales, del desarrollo o privaciones (Amemiya, Oliveros y Barrientos, 2009). Magenzo y Tchimino (2010) señalan que una aproximación adicional al concepto violencia se puede lograr mediante el enfoque o modelo ecológico, el cual explora la relación entre los factores individuales y contextuales, y que considera la violencia como producto de muchos niveles de influencia sobre el comportamiento. Destacan que los niveles de tipo *individual* pretenden identificar los factores biológicos y de la historia particular que influyen en el comportamiento de una persona; el nivel de las *relaciones sociales* (amigos, pareja, miembros de la familia) aumenta el riesgo de convertirse en víctimas o en agresores; el nivel de la *colectividad* examina los contextos de la comunidad en los que se inscriben las relaciones sociales, tales como la escuela, el lugar de trabajo y el vecindario, y que busca identificar las características de esos ámbitos que se asocian con ser víctimas o agresores; finalmente el nivel social[1] examina los factores sociales que con mayor frecuencia determinan las altas tasas de violencia (Magenzo y Tchimino, 2010). Por su parte, Amemiya *et al.* (2009) indican que la violencia es hoy un componente cotidiano en nuestras vidas, representa una manifestación que ocurre en todos los niveles sociales, económicos y culturales y, de manera particular, en las instituciones escolares. Destacan que dicha violencia fue ocultada, negada y silenciada durante muchos años por educadores y autoridades; pero evitar y suprimir esos actos violentos no ha hecho más que empeorarlos, por lo cual el problema debe tomarse con firmeza y en toda su magnitud (Oliveros, Figueroa, Mayorga, Cano y Barrientos, 2008).

En este sentido Arellano (2007) agrega que cuando se habla de violencia debe verse desde dos perspectivas íntimamente relacionadas, como lo son *la violencia indirecta* y *la violencia directa*. La primera se relaciona con las prácticas de indiferencia de los actos violentos o la no denuncia de los mismos, tiene un carácter impersonal y gran carga de apatía; la segunda reviste un carácter personal, cara a cara, y es donde se utiliza la fuerza física o la palabra, como medio para resolver frustraciones y diferencias, mostrándose de diversas maneras, como puede ser a nivel corporal, psicológico o moral, también se expresa contra objetos y ambiente. Barbeito y Caireta (2005, pág. 9) enuncian que la violencia directa se puede asumir de igual manera como la actitud o el comportamiento que constituye una violación o una privación al ser humano de una cosa que le es esencial como persona, como puede ser la integridad física, psíquica o moral, sus derechos y libertades.

Otros autores, como Rodríguez y Palomero (2001), coinciden en afirmar que la violencia se da de manera indirecta o estructural y, por ende, incorporada al sistema económico-social, manifestándose de manera concreta en injusticias sociales, como es el caso de la existencia de una diferencia en la distribución del ingreso, acompañada de marginalidad, analfabetismo, carencia de servicios médicos asistenciales, y dificultad de ascenso socioeconómico en altos porcentajes

---

[1] En este nivel se tienen en cuenta elementos como los que crean un clima de aceptación de la violencia, los que reducen las inhibiciones contra ésta, y los que crean y mantienen las brechas entre los distintos segmentos de la sociedad, o que generan tensiones entre diferentes grupos o países, destacando: normas culturales que apoyan la violencia como una manera aceptable de resolver los conflictos; actitudes que consideran el suicidio como una opción personal, más que como un acto de violencia evitable; normas que asignan prioridad a la patria potestad por encima de cualquier otra apreciación sobre los hijos; normas que refuerzan el dominio masculino sobre las mujeres y sobre los niños; normas que respaldan el uso excesivo de la fuerza policial contra los ciudadanos; y normas que apoyan los conflictos políticos.

de la población. Arellano (2007) dimensiona que se pueden vincular los efectos de la violencia con el hecho de impedir el desarrollo de las potencialidades del ser humano, lógica en la que coincide Lederach (1998, pág. 98), quien señala que es preciso enfocar la violencia como la causa de la diferencia entre lo que las personas podrían ser, pero no son: entre lo actual y lo potencial, en cuanto a lo que se refiere a la realización de una vida mínimamente humana.

Ante dichas reflexiones Luciano, Marín y Yuli (2008) indican que la violencia no es un concepto unívoco ni designa a un fenómeno singular; por el contrario, involucra la existencia de múltiples violencias con implicaciones a niveles individuales, familiares, institucionales y sociales, los cuales se articulan potenciando o moderando sus manifestaciones. Bringuiotti (2000) señala en dicho sentido que, si bien hay formas históricas y culturales que caracterizan la violencia de nuestro tiempo, sus prácticas son producto de configuraciones particulares en los distintos escenarios. En tal sentido Alegre (2004) enmarca que en la actualidad en los contextos educativos es donde se ha incrementado la llamada violencia escolar, entendida como todas aquellas situaciones de agresión física, verbal y emocional que parten de los alumnos, docentes y la propia institución escolar, que a su vez está inmersa en una sociedad que se expresa violentamente a través de diferentes modalidades y canales según el nivel de relación (política, institucional, comunicacional y personal), que en su conjunto representa el clima de violencia y se materializa con la presencia de *bullying* (Luciano *et al.*, 2008).

BULLYING EN LOS CLIMAS DE VIOLENCIA

Cabe destacar que hablar de violencia escolar y sus climas de violencia son algunos de los temas más difíciles que se plantean diariamente en las aulas del mundo contemporáneo. Si bien es cierto que en los últimos años su magnitud parece haber aumentado, no se trata de una novedad en el sentido estricto (Belinco, 2006). Según Cornejo y Redondo (2001), el clima escolar se entiende como la percepción que tienen los sujetos acerca de las relaciones interpersonales que se establecen en el contexto escolar. Aron y Milicic (1999), por su parte, señalan que dentro de las dinámicas escolares se genera la presencia de sensaciones al momento en el que se participa de las actividades, las normas y creencias que operan en el propio sistema educativo (Gutiérrez, Toledo y Magenzo, 2010).

Fernández (2000) expone que la situación actual de la violencia escolar en instituciones educativas se manifiesta en todos los ámbitos sociales, culturales, económicos y políticos; pero en el aspecto social la violencia se observa como una expresión generalizada que da cuenta de un vacío que debe ser atendido para poder vivir en paz, en donde los docentes son una pieza principal para introducir cambios. El propio autor considera que la escuela, como lugar y agente socializador, debe tomar conciencia de qué es lo que el alumno está aprendiendo, contra lo que se pretende que aprenda; el docente debe asumir la responsabilidad por la cuota de violencia que el joven está manifestando en la actualidad, tanto al interior del centro educativo como en la sociedad en general, y comprometerse a cambiar aquellas estructuras, organizaciones o prácticas educativas, que puedan estimular la violencia en el joven (Arellano, 2007).

Ante dicha responsabilidad Gutiérrez, Toledo y Magenzo (2010) agregan que debe ponerse atención en la manera en la que se percibe la violencia, aclarando que no es lo mismo la descripción o percepción negativa del clima de violencia desde las víctimas, que de quienes son víctimas-intimidadores o sólo intimidadores. Yonerama y Rigby (2006, pág. 40) en esta dirección consideran que "la negativa percepción del clima de la sala de clases que caracteriza a los estudiantes involucrados en intimidación puede dificultar su aprendizaje y ponerlos en una situación de desventaja académica".

Khoury-Kassabri, Bendenishty y Astor (2005, pág. 176) agregan que el clima escolar tiene un peso importante para explicar la presencia de las acciones de intimidación, es decir, que cuando se presenta un clima escolar positivo es seguro que se presenten menos acciones de intimidación o de abuso. Por lo anterior, se hace evidente que las acciones de intimidación impactan negativamente sobre el clima escolar y que, a su vez, el clima escolar favorece la presencia de esta conducta agresiva, favoreciendo dicha dualidad, la reproducción de nuevas acciones de intimidación; generándose un pernicioso círculo de violencia y, por consecuencia, la proliferación de la violencia entre pares (Gutiérrez *et al.*, 2010).

BULLYING COMO PROBLEMA SOCIAL

Cabe señalar que la primera referencia que se hizo respecto a la violencia entre pares en la escuela fue dada por el psicólogo sueco Meter

Heinnemann[2] (Ccoicca, 2010), quien lo llamó *mobbing* (Villegas, 1997)[3] y lo definió como la agresión de un grupo de alumnos contra uno de sus miembros que interrumpe las actividades ordinarias del grupo. De mobbing se pasó al término anglosajón *bullying* para designar la acción y al autor, el término bullying se deriva de la palabra inglesa *bully*, que literalmente significa "matón" o "bravucón", y se relaciona con conductas que están ligadas a la intimidación, la tiranización, el aislamiento, la amenaza y los insultos, entre otros (Avilés, 2006; Ccoicca, 2010).

Años después Dan Olweus, catedrático de Psicología de la Universidad de Bergen, Noruega, comenzó a investigar la violencia juvenil en las escuelas, quien en conjunto con el Ministerio de Educación noruego inició una campaña de sensibilización sobre el tema (Gálvez, Moreno y Pocó, 2008). Olweus (1983) definió al bullying como una conducta de persecución física y/o psicológica que realiza un alumno(a) contra otro, al que escoge como víctima de repetidos ataques; dicha acción por demás negativa e intencionada, sitúa a la víctima en una posición de la que difícilmente puede escapar por sus propios medios (Amemiya, Oliveros y Barrientos, 2009; Avilés, 2006; Cabezas y Monge, 2007; Ccoicca, 2010; Gálvez *et al.*, 2008; Jiménez, 2009; Martínez, Torres y Vian, 2008; Melús, Orejudo, Moreno, Escartín, Pueyo y García, 2010; Paredes, Álvarez, Lega y Vernon, 2008).

Olweus agrega que las formas de agresión pueden ser mediante palabras con amenazas y burlas, poner motes (apodos), o bien, servirse de la acción golpeando, empujando, dando patadas, impidiendo pasar libremente a alguien; o servirse incluso de otras formas, haciendo muecas, gestos obscenos y exclusión de algún grupo (Olweus, 1998). Olweus (1983; 1993; 1994; 1998) aclara que un estudiante está siendo intimidado cuando otro estudiante o grupo de estudiantes dicen cosas mezquinas o desagradables, se ríen de él o ella, o le llaman por nombres molestos o hirientes. Le ignoran completamente, le excluyen de su grupo de amigos o le retiran de actividades a propósito; golpean, patean y empujan, o le amenazan; cuentan mentiras o falsos rumores sobre él o ella, le envían notas hirientes y tratan de convencer a los demás para que no se relacionen con él o ella.

---

[2] El psicólogo Heinnemann usaría del término para identificar el acoso a que los niños suelen someter a sus compañeros de escuela; apareció en 1972 en su obra *Mobbing-Gruppenwalt unter kindern und Erwachsenen.*

[3] *Mobbing* se traduce por acoso moral, se ramifica en varias: acoso laboral (*mobbing*), acoso escolar (*bullying*) y acoso inmobiliario (*blockbusting*). El término anglosajón *mobbing* deriva de la expresión latina *mobile vulgus*, trasmite la idea de una muchedumbre en movimiento (vulgo móvil).

Olweus (1998) afirma que acciones como esas ocurren frecuentemente y es difícil para el estudiante que está siendo intimidado defenderse por sí mismo. Indica que también es bullying cuando un estudiante está siendo molestado repetidamente de forma negativa y dañina. Sin embargo, aclara que no se le puede llamar bullying cuando alguien se mete con otro de forma amistosa o como en un juego, tampoco es bullying cuando dos estudiantes de la misma fuerza discuten o pelean, ya que no se está presentando esa relación dominante de poder e intimidación necesaria para establecer el tipo de abuso (Olweus, 1998; 2001).

ACENTUACIONES DEL BULLYING

Posteriormente a los trabajos de Olweus (1998) a finales de la década de 1980 y principios de los noventas el maltrato escolar capta la atención de investigadores de otros países como Japón, Gran Bretaña, Holanda, Canadá, Estados Unidos y España, surgiendo nuevos aportes y acentuaciones al conocimiento de las características del propio bullying (Cabezas y Monge, 2007).

En tal sentido Ortega (2005) narra que, en la década de 1990, se le dio una especial atención al estudio del factor contextual del bullying, derivado de la necesidad de conocer las condiciones bajo las cuales se presentan las prácticas de intimidación. Definió al bullying como una acción de intimidación, presentada en un contexto social, en la que uno o varios escolares toman como objeto de su actuación injustamente agresiva a otro compañero y, lo someten por tiempo prolongado a agresiones físicas, burlas, hostigamiento, amenaza, aislamiento social o exclusión social, aprovechándose de su inseguridad, miedo o dificultades personales para pedir ayuda o defenderse (Ortega, 2005). Luciano, Marín y Yuli (2008) agregan que los estudios del fenómeno efectuados en los distintos países revelaron que el común denominador de la agresión entre escolares es la presencia de prolongados insultos, rechazo social, intimidación y/o agresividad física de unos alumnos contra otros, que se convierten en víctimas recurrentes de sus compañeros (Ortega, 1992).

Siguiendo el mismo orden de ideas, Díaz-Aguado (2005) señala que el bullying está relacionado con una violencia en la que ocurren las siguientes características: *variedad*, porque puede implicar diversos tipos de conductas agresivas; *duración en el tiempo*, implica la repetición de las agresiones en tiempos indefinidos; *provocación*, por un individuo o grupo de individuos, quienes estimulan la presencia de las agresiones; y *prevalencia*, debido a la falta de información o pasividad de quienes rodean a las víctimas y agresores (Garaigordobil y Oñederra, 2008). Por su parte Avilés (2006) presume que la presencia del bullying se da cuando el escolar se niega a ir al colegio fingiendo todo tipo de dolencias, no sale al recreo, no se despega de las figuras de autoridad o miente sobre los orígenes de golpes. Síntomas que sugieren que sobrelleva el papel de víctima de algún matón y que sistemáticamente es denigrado, insultado, humillado y puesto en ridículo ante sus compañeros, quienes comparten esta situación de forma tácita (Garaigordobil y Oñederra, 2008).

Magenzo, Toledo y Rosenfeld (2004) sugieren ante la presencia de dichos síntomas, sobre todo la intimidación, que existen relaciones asimétricas de poder, en las cuales el más débil es incapaz de responder a la agresión. Lo anterior indica que la repetición constante de agresiones es de suma relevancia, debido a que agudizará los efectos en las víctimas a corto, mediano y largo plazos. Exponen que la interacción social representa un sistema de roles que se asumen en contextos específicos, aunque algunos de estos roles se tienden a fijar, imponer o legitimar mediante el uso de la fuerza y la presión de grupo. Por consecuencia, la intimidación corresponde a una acción situada donde participan intimidadores líderes, asistentes del intimidador, reforzadores del intimidador, defensores de las víctimas, testigos y víctimas (Gutiérrez, Toledo y Magenzo, 2010).

En tanto Cerezo (2010) puntualiza que el bullying puede ser visto como una forma de maltrato, normalmente intencionado y perjudicial, de un estudiante hacia otro compañero, generalmente más débil, al que convierte en su víctima habitual; el bullying suele ser persistente, puede durar semanas, meses e incluso años. En la misma dirección Ccoicca (2010) define al bullying como un continuado y deliberado maltrato verbal y modal que recibe un niño por parte de otro u otros que se comportan con él cruelmente con el objeto de someterlo, apocarlo, asustarlo, amenazarlo y que atentan contra la dignidad del niño. El mismo autor señala que el bullying se considera una de las formas de violencia entre los escolares, y que por ser un fenómeno socioeducativo es motivo de preocupación por parte de las autoridades educativas y padres de familia, por las consecuencias negativas que éste ocasiona en los niños que sufren de este tipo de agresión.

De lo anterior cabe destacar que en la actualidad el término bullying (Olweus, 1978) es común en la literatura, sobre todo dentro de los temas que se relacionan con el maltrato entre escolares; con frecuencia se utiliza en los contextos educativos para referirse a la situación de violencia mantenida, mental o física, guiada por un individuo o por un grupo y dirigida contra otro individuo del grupo, quien no es capaz de defenderse. Clémence (2001) sostiene que el problema del bullying –sin ser un fenómeno nuevo– sí adopta nuevas dimensiones y resulta preocupante que nuestra sociedad industrializada que parece haber alcanzado cierto nivel de bienestar, el empleo del abuso y la violencia en los entornos escolares, paradójicamente sean detectados cada vez de manera más alarmante y en edades muy tempranas (Cerezo, 2009).

El propio autor define al fenómeno como una forma de maltrato, normalmente intencionado, perjudicial y persistente de un estudiante o grupo de estudiantes hacia otro compañero, generalmente más débil, al que convierte en su víctima habitual, sin que medie provocación; y esa situación es lo que quizá le imprime el carácter más dramático: la incapacidad de la víctima para salir de esa situación, acrecentando la sensación de indefensión y aislamiento (Clémence, 2001).

En el mismo sentido, Cerezo (2009) argumenta que el problema de la violencia escolar adquiere relevancia entre compañeros cuando degenera en acoso escolar, donde se manifiesta todo el efecto dramático antes mencionado. Este autor enmarca que el bullying se asocia al conjunto de conductas agresivas, entendidas como los ataques repetitivos –físicos, psicosociales o verbales–, de determinados escolares que están en posición de poder sobre aquellos que son débiles frente a ellos, con la intención de causarles dolor para su propia gratificación. Precisa que el abuso de poder, el deseo de intimidar y dominar, e incluso la pura "diversión", figuran entre las causas que motivan a los *bullies* a actuar así.

En consecuencia, se puede agregar que el bullying no sólo se entiende como todo tipo de conducta que se realiza con una intencionalidad y premeditación, que puede implicar un maltrato verbal, físico y psicológico en un tiempo prolongado; basado en el principio del matonaje o bravuconería del acosador que abusa de las debilidades de la víctima. Se deben considerar, de igual manera, tipos de violencia de mayor sutileza que pueden confundir la presencia o ausencia de la intimidación, como puede ser: el poner apodos, el empujar cuando se entra al salón de clases, el jugar con cierta fuerza (deportes de contacto), las burlas (reírse de ciertos aspectos cómicos de la vida cotidiana en las escuelas), entre otras acciones (Ccoicca, 2010).

Prácticas que dificultan en la mayoría de las ocasiones el poder identificar cuándo un niño sufre realmente bullying, por lo cual, es de suma relevancia el entender que no toda conducta que implique un trato directo con fuerza e intensidad (juegos de contacto físico) es bullying, y no todo acto que pudiera parecer natural y cotidiano (las burlas y apodos) es normal (parte de los roles y juegos de un niño), en todo caso, la diferencia radicaría en la revisión de las causas, los efectos, la tipología de intimidación, el espacio del bullying, los rasgos del agresor y la víctima, los espectadores, y demás factores intervinientes, como pueden ser la indiferencia, el miedo y la invisibilidad, elementos que se desglosarán a continuación (Ccoicca, 2010).

CAUSAS DEL BULLYING

Desde los primeros hallazgos de Heinnemann (1972, véase Olweus, 2001) y Olweus (1973) se estableció que el bullying se puede considerar como un problema multicausal, y se encuentra íntimamente relacionado con los efectos negativos de la dinámica de violencia en los contextos educativos (Avilés, 2010). Melús, Orejudo, Moreno, Escartín, Pueyo y García (2010) indican que existen un sinnúmero de factores y causas condicionantes de las conductas violentas en la escuela y fuera de ella. Por un lado, la agresividad puede ser la expresión de factores relativamente independientes de la escuela, como los problemas personales, los trastornos de relación, la influencia del grupo de amigos, la familia. Y por otro, se puede decir que la conducta agresiva en niños está condicionada por la estructura escolar y sus métodos pedagógicos, así como por todo un conjunto de factores políticos, económicos y sociales (Palomero, 2001, en Melús *et al.*, 2010).

Heinnemann (1972, véase Olweus, 2001) y Olweus (1973) sugieren que la diversidad de causas de la dinámica del bullying y de factores que actuarían como protección/riesgo (Olweus, 1998; Ortega, Del Rey y Mora, 2001;) se pueden agrupar en los ámbitos que van desde el personal, familiar, escolar y sociocultural (Besag, 1989; Dodge, 1991; Smith, Bowers, Binneey y Cowie, 1993; Sutton, Smith y Swettenham, 1999; Avilés, 2006).

En primer lugar, hablar de las causas desde el *ámbito personal* Sweeting y West (2001, véase Ccoicca, 2010) encontraron que los jóvenes que son menos atractivos físicamente, que tienen sobrepeso, que padecen alguna discapacidad (problemas de visión, oído o habla) o un bajo rendimiento académico, son más propensos a ser intimidados. Ccoicca (2010) afirma desde esta perspectiva que muchos de los agresores resaltan constantemente los defectos físicos de sus compañeros con la finalidad de ridiculizarle y humillarle.

En relación con el *ámbito familiar* Magenzo y Tchimino (2010) indican que el bullying se desprende de situaciones generadas en dicho contexto, donde tiene indudablemente una importancia fundamental para el aprendizaje de las formas de relación interpersonal. Agrega que la estructura y dinámica familiar, los estilos educativos de los padres y las relaciones con los hermanos son aspectos fundamentales que se pueden tornar factores protectores, o bien factores de riesgo para que los niños se conviertan en agresores o víctimas.

Por su parte Avilés (2010) puntualiza que entre los patrones que se presentan en el ámbito familiar destacan: los educativos autoritarios, métodos coactivos, violentos y el uso de disciplina autoritaria; la incoherencia en el uso de la autoridad; permisividad e inconsistencia educativa; ser educado con violencia (castigos severos) (Acevedo, 2010); y, finalmente, el refuerzo por parte de los adultos de formas violentas y agresivas.

Ccoicca (2010) señala que las relaciones entre el progenitor y el niño no se limitan sólo a las prácticas disciplinarias empleadas por el primero. Los niños con un vínculo de apego seguro y con padres que les proporcionen cariño, razonan con ellos y les hablan sobre las consecuencias de sus actos, dan mejores resultados (son menos agresivos) que los niños con vínculos inseguros cuyos padres tienen actitudes más negativas hacia ellos y que emplean la culpabilización estigmatizadora. Agrega que la depresión crónica por parte de la madre, la pobreza familiar, los lazos emocionales débiles respecto a los padres, la experiencia de violencia en el hogar, el alto consumo de televisión son indicadores de predisposición para las conductas de agresión entre los escolares. Sostiene que dentro de los factores de riesgo en el contexto familiar se pueden citar los conflictos familiares en general (entre padres y entre hermanos) y los modos en que se manejan; las estrategias disciplinarias parentales deficitarias, especialmente las muy duras o maltratadoras y las inconsistentes (que son, alternativamente, muy laxas o demasiado coercitivas); las relaciones negativas entre progenitores e hijo (apego inseguro y culpabilización estigmatizadora), así como depresión crónica de la madre.

En cuanto al *ámbito escolar* Magenzo y Tchimino (2010) señalan que el bullying se da a partir del establecimiento de las relaciones de los alumnos entre sí, y de éstos con sus profesores, como pueden ser: los aspectos estructurales de la institución educativa como su dinámica, en la cual se pueden dar ciertos aprendizajes agresivos por imitación, comportamiento de los profesores o por el mismo clima de agresiones dentro de las aulas entre compañeros. Estos autores agregan que dentro de los factores que pueden detonar en mayor presencia el bullying se encuentran el nivel de vulnerabilidad en la que se ubican las propias instituciones educativas, entendido como el riesgo inminente de violencia escolar, el cual puede oscilar desde escuelas de vulnerabilidad baja hasta de inseguridad total (cuadro 1.1).

Avilés (2010) indica que dentro de las variables que pueden presentarse en el contexto escolar como causa del bullying deben considerarse: las metodologías no cooperativas bajo las que se dé la dinámica escolar; las disciplinas autoritarias, punitivas, sancionadoras e inconsistentes; la falta de normas establecidas democráticamente y asumidas por la comunidad; la falta de canales de comunicación; el clima de clase insano; el caos organizativo; la falta de tutorización y/o monitorización; la ausencia de programas antibullying en los centros educativos; finalmente, la falta de cultura preventiva del bullying en la comunidad educativa.

Por último, en el *ámbito sociocultural* Avilés (2010) enumera como factores detonantes del bullying: la violencia estructural (inseguridad pública, presencia de vandalismo); las creencias y costumbres sociales frente al bullying (las prácticas agresivas se festejan y se promueven); los medios de comunicación social y modelos que "extienden-reproducen" los valores socialmente aceptables; y los altos umbrales de sensibilización hacia los modelos de dominio-sumisión y violencia.

Cuadro 1.1. La vulnerabilidad de los centros educativos.

Nivel de vulnerabilidad	Rasgos
Vulnerabilidad baja	• Escuelas integradas y comunicadas en todos sus niveles. • Objetivos educacionales claros.
Vulnerabilidad controlada	• Detectan y contienen en forma educativa y preventiva las manifestaciones de violencia.

Vulnerabilidad controlada escasamente	• Alto nivel de incomunicación. • Comportamientos violentos reiterados. • Impunidad ante los comportamientos violentos.
Escuela desorganizada	• No detecta comportamientos violentos. • No realiza tarea de contención debido a la incomunicación de sus niveles docentes.
Alta inseguridad	• Gravísima impunidad. • Permisividad ante comportamientos violentos. • Alta desorganización.
Inseguridad total	• La escuela presenta una situación de anomia que posibilita manifestaciones de gravísima violencia. • Violencia de armas blanca o de fuego. • Destrucción de la infraestructura escolar.

FUENTE: Magenzo y Tchimino (2010).

Barudy (1998) subraya que como factor desencadenante del bullying, dentro de los ámbitos sociales, es la presencia de modelos intimidantes que gozan de cierta admiración y respeto por parte de la propia comunidad como pueden ser: el pandillero con cierto nivel de presencia en el barrio, el narcotraficante con poder económico y adquisitivo y/o el sicario con poder de intimidación y control (Cabezas y Monge, 2007). Personajes cuya fortaleza estriba en acciones de naturaleza delictiva o caracterizada por la delincuencia organizada, con fuertes implicaciones en desestabilizar la armonía social (*Proceso*, 2011).

EFECTOS DEL BULLYING

En cuanto a los efectos del bullying Avilés (2010) refiere que aunque exista un blanco directo sobre el que el agresor dirige sus ataques, indudablemente la intimidación puede afectar a todos los participantes, víctimas, agresores y testigos, sin embargo, directamente es la víctima sobre quien recaen los efectos de las acciones agresivas. Amemiya, Oliveros y Barrientos (2009) describen que, en el caso de las víctimas, sus efectos –claramente negativos–, se manifiestan en la presencia de ansiedad, descenso de la autoestima y cuadros depresivos que dificultan su integración al medio escolar y al desarrollo normal de los aprendizajes. Al respecto, Garaigordobil y Oñederra

(2008) subrayan los impactos que sobre los sentimientos de inseguridad de la víctima causan: la soledad y la infelicidad, la timidez, introversión y aislamiento, la baja autoestima y el bajo autoconcepto; y la presencia de algunos síntomas de depresión y ansiedad como rasgos comunes en las víctimas de intimidación.

Por su parte, Ccoicca (2010) agrega a dichos efectos que el niño que sufre bullying suele terminar aceptando que es un mal estudiante, un mal compañero, y que es incapaz de valerse por sí solo. Se genera en él un sentimiento. de culpa que afecta su autoestima y, por ende, el autoconcepto que se va formando de sí mismo, lo que provoca un impacto devastador en su desarrollo y maduración psicológica. De este modo, un niño normal o incluso brillante puede pasar a ser una sombra de lo que fue en la medida en que ha sido expuesto a climas de bullying. Señala que un niño que sufre intimidación piensa que todo lo que hace está mal, se autoinflige un castigo psicológico de minusvalía, generándose un concepto negativo de sí mismo, con baja autoestima, lo que probablemente lo acompañe hasta la vida adulta. Y muchas veces este puede ser el motivo principal del ausentismo escolar, reprobación, bajo rendimiento, problemas de conducta o de comunicación, o en un caso extremo, convertir al niño en un ser antisocial o delictivo (Acevedo, 2011). Indica al respecto que la frecuente exposición de un niño a climas de intimidación y violencia impactará indudablemente en su percepción y actitud ante las relaciones humanas, en donde su actuar estará delimitado por su resentimiento hacia quienes le han causado daño, y también hacia quienes no hicieron nada por apoyarlo. Este autor enmarca el nivel de coparticipación y responsabilidad que tienen todos los actores sociales en materia de la proliferación de los climas de violencia, enfatizando la importancia que tienen los padres o tutores para que un niño que es víctima de intimidación encuentre un área de seguridad y de protección.

Desde este orden de ideas Ccoicca (2010) precisa que un detonante para que un niño en edad escolar que es víctima de intimidación se sumerja en una profunda crisis y presente cuadros de autodestrucción o intentos de suicidio, se presenta cuando existe una ausencia de interés por parte de los padres, quienes mantienen escasa comunicación y, por consecuencia, no saben realmente lo que sucede, y si lo saben, no le dan importancia porque creen que esas conductas son parte de la dinámica escolar, bajo la falsa creencia de que "se debe valer y defender por sí mismo".

La Fundación Paz Ciudadana (2005) indica que dentro de las múltiples consecuencias que se generan en las escuelas por la presencia de algún tipo de intimidación sobresale la vulneración de los derechos y libertades que le ofrece el sistema educativo a temprana edad a un niño, es decir, los sujetos victimizados no disfrutan el ir a la escuela; no tienen amigos; no encuentran utilidad en lo aprendido; sus comportamientos son disruptivos en las aulas; presentan dificultad en el aprendizaje; son candidatos a desarrollar conductas violentas y otros comportamientos de riesgo que se pueden traducir en conductas delictivas (Acevedo, 2011), afectando finalmente su formación ciudadana.

TIPOLOGÍA DE LA INTIMIDACIÓN

Según Cerezo (2009) el bullying no necesariamente se expresa con agresiones físicas, puede presentarse con diversas modalidades, como puede ser la agresión verbal (del tipo más frecuente), o como exclusión, siendo esta forma indirecta, que en palabras del propio autor es la más utilizada por las niñas y, en general por los alumnos de los últimos grados escolares (Díaz-Aguado, 2005).

Magenzo, Toledo y Rosenfeld (2004) tipifican tres formas en que puede manifestarse la intimidación, como son: la intimidación *física o directa* referida a golpes, empujones, patadas, vandalismo, destrucción de objetos personales, encierro, etc. La intimidación *verbal* correspondiente al uso de la palabra para humillar a las víctimas, con insultos, gritos, palabras ofensivas y descalificativas. Finalmente, la intimidación *relacional* vista como la más sutil –pero no menos efectiva–, remite a la exclusión, el aislamiento, la indiferencia, el rechazo al otro, entre otras acciones, pues el intimidador convence a su grupo de pares de excluir a cierto estudiante o grupo de estudiantes, lo que se conoce como la "ley del hielo" (Gutiérrez, Toledo y Magenzo, 2010; Martinis, 2005).

Por su parte, Avilés (2006) clasifica los diferentes tipos de bullying en *físico*, representado por empujones, patadas, puñetazos, pellizcos y hasta el empleo de objetos para arremeter contra un estudiante; el *verbal*, relacionado con insultos, burlas, rumores y con poner sobrenombres que resaltan un defecto físico o de acción principalmente; el *psicológico*, entendido como las acciones tendientes a minimizar la autoestima del individuo y que fomentan sentimientos de inseguridad y temor. Finalmente, el *social* en donde se pretende aislar al individuo del resto del grupo, manipulando a los miembros del mismo para que sean partícipes de las agresiones (Cabezas y Monge, 2007).

Ccoicca (2010), en concordancia con la mayoría de los investigadores, define cuatro formas de bullying: el físico, el verbal, el social y el psicológico. Agrega que en el *físico* las conductas agresivas pueden ser directas o indirectas, en el caso de las directas se dirigen contra el cuerpo, que se manifiestan en patadas, zapes (golpes en la nuca), empujones, zancadillas; o conductas agresivas indirectas dirigidas contra la propiedad, como robar, romper, ensuciar y esconder cosas. En forma *verbal* se expresa en insultos, apodos, calumnias, burlas y hablar mal de otros; el autor señala que éste es el tipo de maltrato de mayor incidencia. El *social* se identifica por conductas mediante las cuales se aísla al individuo del grupo, se le margina y se le ignora. Finalmente, en la forma *psicológica*, son las acciones de acoso que corroen la autoestima, crean inseguridad y miedo, sin descartar las formas de bullying que tienen un componente psicológico implícito. En la misma dirección, la Fundación Paz Ciudadana (2005) describe que dentro de las prácticas de violencia física se encuentran los golpes, empujones, daños, robo, uso de armas, agresión sexual; en las verbales, están las amenazas, acoso, sobrenombres, burlas, insultos; mientras que en las sociales se encuentran los rumores, la exclusión y la discriminación.

Magenzo y Tchimino (2010) tipifican las manifestaciones de la violencia escolar según se presente entre los distintos actores en: *violencia entre alumnos*, como los hurtos, robo de objetos, lesiones (desde golpes y empujones), utilización de armas, ataques sexuales (en baños u otros lugares); *violencia de alumnos hacia docentes*, que comprende distintas modalidades del conflicto con la autoridad educativa, como pueden ser los enfrentamientos verbales o físicos que buscan amedrentar al profesor; *violencia del personal docente hacia alumnos*, referida tanto a autoridades, profesores, como personal administrativo que trabaja en la escuela. Se puede manifestar en física, emocional (humillaciones, violencia verbal, etiquetamiento de alumnos como problemáticos), expulsión de alumnos (la expulsión es una actitud violenta que pone de manifiesto la impotencia institucional); *violencia del personal docente hacia los padres*, en la cual se le reprocha la educación de su hijo, y se le delega toda la responsabilidad de los actos del mismo, es muy común que en reuniones de padres de familia el profesor se convierta en una figura inquisidora de las normas, creencias y valores familiares. Finalmente, *la violencia entre el personal docente*, materializado en la descalificación entre compañeros, el menosprecio y el no reconocimiento de la labor del docente.

Por su parte Melús *et al.* (2010) sugieren la necesidad de tipificar de distinta manera el bullying, considerando que en la actualidad las prácticas se han diversificado (como el caso del *ciberbullying*[4] y el *dating violence*).[5] En este sentido, aclaran que existe una confusión, dependiendo de la intensidad y manifestación de la práctica intimidatoria, es decir, el bullying suele caracterizarse por provocar conductas de diversa índole, como son burlas, amenazas, agresiones físicas, aislamiento sistemático, entre otras; prácticas provocadas por un alumno, apoyado por un grupo, contra una víctima indefensa. Sin embargo, la ignorancia o pasividad de las personas que rodean a los agresores y a las víctimas, al no intervenir directamente, provoca que se tolere y legitimen dichas prácticas. Esto genera en la víctima desconfianza, miedo y la no denuncia, por el efecto apático de las autoridades escolares. Los mismos autores revelan que las personas que observan la violencia sin hacer nada para evitarla, produce en ellas falta de sensibilidad, apatía y falta de solidaridad, reduciendo con ello la calidad de vida del entorno en el que se produce el clima de violencia, y aumenta los problemas y tensiones en la dinámica escolar.

Para la identificación del tipo de bullying, Cerezo (2009) recomienda que se esté generando ya sea verbal, físico o psicosocial –o de cualquier naturaleza– presente en ocasiones de formas aceptables como la competitividad académica –se admira al ganador y se abuchea al perdedor–, los deportes de contacto, el éxito social –se privilegia al guapo, al que tiene dinero, al deportista, y se excluye al

---

[4] *Ciberbullying* o ciberacoso, es el uso de información electrónica y medios de comunicación tales como correo electrónico, redes sociales, *blogs*, mensajería instantánea, mensajes de texto, teléfonos móviles y *websites* difamatorios para acosar a un individuo o grupo, mediante ataques personales u otros medios. Puede constituir un delito penal. El ciberacoso es voluntarioso e implica un daño recurrente y repetitivo infligido a través del medio del texto electrónico; puede ser tan simple como continuar mandando e-mails a alguien que ha dicho que no quiere permanecer en contacto con el remitente; puede también incluir amenazas, connotaciones sexuales, etiquetas peyorativas (p. ej., discurso del odio). El término ciberacoso fue usado por primera vez por el educador canadiense Bill Belsey, otros términos para ciberacoso son: "acoso electrónico", "e-acoso", "acoso sms", *network mobbing*, "acoso móvil", "acoso en línea", "acoso digital", "acoso por Internet", "acoso en Internet" o "Internet acoso".

[5] *Dating violence* o violencia de pareja, se define como la presencia de acciones de amenaza, o actos de violencia por lo menos de un miembro de una pareja (en el noviazgo) en el contexto de las citas o durante el noviazgo.

nerd[6]–. Se deben considerar los componentes *temporalidad* e *intención o motivación*, es decir, la temporalidad o frecuencia del ataque, y la intencionalidad o móvil de la agresión, la cual crea la expectativa en la víctima de poder ser blanco de futuros ataques. Además, se debe caracterizar por el dominio del poderoso sobre el débil en cualquier contexto, así como el carácter "expansivo" que desde su inicio la dinámica bullying tiene, como lo es el pasar de un episodio puntual de maltrato a constituir una dinámica asidua de exclusión, violencia y deterioro de la socialización.

Cabezas y Monge (2007) sugieren tres criterios que sirven para descubrir la presencia del bullying, como son: el maltrato, la reiteración de conductas y el desequilibrio de poder, y es por ese tercer criterio que se debe de considerar el maltrato como un acto cobarde, ya que quienes lo hacen saben que saldrán ilesos, debido al silencio de la víctima, y a la ausencia de denuncia por parte de quienes lo observan.

Amemiya, Oliveros y Barrientos (2009) puntualizan que puede tipificarse la presencia del bullying según la intensidad de las prácticas intimidatorias y magnitud de sus efectos, que pueden ir desde leves a severos. Aluden que el bullying severo se entiende por la presencia de la cronicidad y complicaciones que acompañan a la depresión de la víctima, como pueden ser los pensamientos suicidas o el suicidio. Mientras que el leve puede presentarse por prácticas de mayor sutilidad como los apodos, los chismes y hasta los empujones al entrar al salón de clases. Rodríguez, Seoane y Massa (2006) mencionan en definitiva que el bullying puede ser incluido en las tipologías II (crónica) y III (mixta) para el *Trastorno de Estrés Postraumático*, y se equipara a la violencia laboral (*mobbing*) de la edad adulta generada siempre en determinados lugares.

---

[6] *Nerd* o *nerdo*, designa a un estereotipo de persona abocada completamente al estudio y la labor científica, informática e intelectual hasta el punto de mostrar desinterés por las actividades sociales, físicas y deportivas. Las características tradicionalmente asociadas al nerd son: desinterés por todo deporte o actividad recreativa física, y por la moda, por lo que suelen vestir de manera conservadora, y ser o muy raquíticos u obesos debido a la falta de ejercicio. Una conducta social retraída, siendo tímidos, nerviosos y débiles. Dificultad para interactuar con el sexo opuesto y tener una vida sexual activa. El manejo de conocimientos detallados de ciencias naturales, historia, informática y otros datos usualmente vistos como aburridos o imprácticos para la vida diaria. Ser fans (en algunos casos obsesivamente) de *comics*, sagas de ciencia ficción como *Star Trek* y *Star Wars*, juegos de rol y videojuegos. Y, en algunos casos, sufrir diferentes padecimientos médicos y psicológicos, como alergias, acné, problemas de la vista y problemas de interacción social, como el mutismo selectivo o el síndrome de Asperger. El síndrome o trastorno de Asperger es un trastorno mental y del comportamiento que forma parte del espectro de trastornos autistas. El sujeto afectado muestra principalmente severas dificultades en la interacción social y en la comunicación.

En resumen y en similar dirección, Serrano (2005, en Ccoicca, 2010) precisa que para poder identificar la presencia de algún tipo de intimidación se deben de cumplir al menos tres de los siguientes criterios: la víctima se siente intimidada; la víctima se siente excluida; la víctima percibe al agresor como más fuerte; las agresiones son cada vez de mayor intensidad; existe alguna manifestación de las agresiones (física o psicológica); y, finalmente, las agresiones suelen ocurrir en privado o en algún espacio determinado.

ESPACIO DEL BULLYING

Hablar del espacio donde se gesta el bullying según Cerezo (2001) y Rigby (2000) es aludir al área donde se presenten las acciones de los dos principales actores: los agresores o bullies y sus víctimas, junto con las causas y efectos que detonan la intimidación. Los propios autores coinciden con los planteamientos anteriores sobre los efectos del bullying, agregando que el problema va más allá de los episodios concretos de agresión y victimización.[7] Tales consecuencias repercuten en los contextos personales, familiares, educativos y sociales de la víctima, ésta asume roles o actitudes de exclusión social, y en el caso de los agresores, éstos adquieren perfiles de predelincuentes (Olweus, 1998). Tales condiciones, dicho en otras palabras, representan el espacio donde se manifiesta el bullying: entre la acción de intimidación, el efecto y el contexto. En la medida en que se interrelacionen dichos componentes afectarán directamente la calidad del clima educativo (Gázquez, Cangas, Padilla, Cano y Pérez, 2007). Se trata, pues, de un fenómeno de amplia repercusión que afecta a toda la comunidad educativa, y quebranta la estabilidad, la tranquilidad pública y la armonía social (Cerezo, 2009).

Por consiguiente, el bullying, visto como una interacción en la cual un individuo dominante (agresor) muestra repetidamente comportamientos agresivos que causan un estado de estrés al individuo menos dominante (víctima), deriva dentro de un espacio delimitado –por las propias interacciones sociales–, la presencia de ciertas influencias ambientales que agudizan los efectos de la intimidación

---

[7] Cuando un sujeto recibe las agresiones de otro de manera sistemática, generaliza la percepción hostil al conjunto del ambiente escolar, genera graves estados de ansiedad y aislamiento, por consiguiente, pérdida del interés por aprender; y por otra parte, el agresor va afianzando su conducta antisocial.

entre los actores, es por ello que algunos investigadores (Cairns y Cairns, 1991) adoptan perspectivas ecológicas para la explicación del bullying. Ante esto, Melús *et al.* (2010) señalan que las variables relacionadas con el entorno escolar son relevantes, sin descartar que la intimidación no respeta áreas geográficas, ni físicas, ni mucho menos límites éticos, morales, políticos, religiosos o culturales.

Enfatizan estos autores que desde las perspectivas ecológicas se destaca la importancia que pueden tener algunos espacios regulados por las autoridades, como los patios, los pasillos, las cercanías o las áreas de juegos, los sanitarios, la entrada de la institución, o todos aquellos espacios que sean frecuentados por los abusadores, es decir, que la intimidación puede estar ocurriendo a ojos de las propias autoridades educativas (maestros, personal administrativo o padres de familia), y que ni si quiera se percaten de ello, porque asumen que es parte de la cotidianidad de los roles o actitudes de los niños por las dinámicas de convivencia entre pares (Melús *et al.*, 2010).

RASGOS DEL AGRESOR

De manera particular Avilés (2006) profundiza en lo anterior, señalando en materia de los roles entre los protagonistas, que éstos pueden asumir ciertas conductas, dependiendo del tipo de participación que tengan dentro de la interacción o espacio de las acciones *bullies*, dependiendo si son: el agresor, la víctima o los espectadores. Ccoicca (2010) agrega que la víctima siempre representará el blanco de las agresiones, mientras que el acosador o *bully* será quien maltratará en repetidas ocasiones a una víctima indefensa, y el espectador, en la mayoría de los casos, aprobará las actitudes del acosador con su silencio y, en los casos más extremos, lo alentará.

En el caso del agresor, Cabezas y Monge (2007) indican que se caracteriza por la impulsividad y por la necesidad de dominar a los demás. Cerezo (2001; 2009) señala que los diversos estudios que se han efectuado sobre el perfil del agresor confirman que los alumnos agresores tienen mayor ascendencia social y, por tanto, son mejor vistos, al menos por una parte de sus compañeros. El propio autor sostiene que aspectos como la ascendencia social y el nivel de estatus aparecen como variables destacadas en la génesis y mantenimiento de conductas bullying, lo que genera pautas de comportamiento asociadas a la intimidación, en donde se comienza a presentar cierta calidad de estilos personales de afrontamiento de las situaciones que se mantienen más allá de las edades y circunstancias escolares, dicho en otras palabras, cada escenario educativo tiene "su propio matón" (Olweus, 1980).

Olweus (1973) define como rasgos de agresor a un individuo con características antisociales y con una importante falta de conexión con la escuela, que se manifiestan en el rechazo que tiene al centro educativo y a la falta de apego a lo que el profesor representa. Melús *et al.* (2010) sostienen que es más frecuente este problema en algunos niveles educativos que en otros, lo que sugiere que las dificultades se agudizan cuando se da la transición de algunas etapas de la vida –pasar de la niñez a la adolescencia– y escolares –el paso de la educación primaria a la secundaria–.

Por su parte, Ccoicca (2010) destaca que, al ser siempre el objetivo del acoso el de intimidar, apocar, reducir, aplanar, amedrentar y consumir emocional e intelectualmente a la víctima, el acosador necesita rodearse de un *gang*[8] o grupo de acosadores que le festejen sus acciones, o que se sumen de manera masiva al comportamiento de hostigamiento. Avilés (2010) sugiere que entre los patrones que se presentan en el ámbito personal de los agresores destacan: el temperamento; el aprendizaje de conductas violentas o sumisas durante la infancia; las experiencias previas de haber sido maltratado por adultos; la falta de autocontrol personal; y la inhabilidad social.

Paredes, Álvarez, Lega y Vernon (2008) describen que el agresor, además de la impulsividad, mantiene un fuerte deseo (permanente) de dominar a otros u otras, destacando su poca empatía con las víctimas. Agregan que en el caso de los hombres que suelen ser físicamente más fuertes que sus víctimas, buscan el tener una opinión positiva de sí mismos mediante sus acciones, que les reditúen admiración y respeto por parte de su *gang*, y así lograr ser más atractivos para el sexo opuesto (Olweus, 1973; 1978; 1998, 2001).

Olweus (1998) tipifica a los acosadores en tres perfiles: el *acosador asertivo*, como aquel que con buenas habilidades sociales y popularidad en el grupo es capaz de organizar o manipular a otros para que cumplan sus órdenes (es aquel que es capaz de enmascarar su actitud intimidatoria para no ser descubierto); el *acosador poco asertivo*, representado por aquel sujeto que manifiesta un comportamiento antisocial y que intimida y acosa a otros directamente, a veces como

---

[8] *Gang* o banda organizada de malhechores, con la firme intención de someter, extorsionar y lesionar a otros.

reflejo de su falta de autoestima y de confianza en sí mismo (gracias a su comportamiento de acoso consigue su rol y estatus dentro del grupo, por lo que puede atraer a otros); finalmente, el *acosador víctima*, visto como aquel que acosa a compañeros más jóvenes que él y, es a la vez acosado por chicos mayores o incluso es víctima en su propia casa. Agrega que en el caso de los acosadores hombres, éstos utilizan en mayor medida la fuerza física, a diferencia de las mujeres, quienes son más manipuladoras y utilizan métodos más sutiles de intimidación (Cabezas y Monge, 2007).

Ccoicca (2010) señala que dentro de los rasgos que el agresor manifiesta, existen ciertas características que lo pueden convertir también en víctima, como su baja capacidad de empatía, insensibilidad hacia el dolor ajeno, ausencia de sentimiento de responsabilidad o culpa, alta autoestima, bajo autoconcepto; capacidad de liderazgo (liderazgo que están obligados a sostener, ya que ante la pérdida se convertirán en vulnerables); bajo rendimiento académico (que con el tiempo los expondrá a las dificultades de continuar con la formación académica); impulsividad, sentimientos de ira, hostilidad, depresión y riesgo de suicidio (que de no atender representarán detonantes para la autodestrucción).

El propio autor indica que los agresores se caracterizan por la impulsividad con tendencia a la violencia y dominio de los demás, tienen baja tolerancia a la frustración y dificultad para cumplir actividades o responsabilidades básicas (valerse por ellos mismos, conseguir un empleo, o mantener una pareja). Muestran tendencias psicóticas,[9] síntomas psicopatológicos (depresión, consumo de alcohol y drogas), problemas de personalidad, conductas antisociales, delincuencia o conducta delictiva y psicopatía.[10]

RASGOS DE LA VÍCTIMA

En el caso de los rasgos de las víctimas Olweus (1998) introduce desde el inicio de sus investigaciones los conceptos *víctimas pasivas* y *víctimas provocadoras*. En el caso de la *víctima pasiva* o *sumisa* utiliza el concepto para describir aquellos estudiantes que expresan reaccio-

---

[9] Enfermedad mental caracterizada por delirios, alucinaciones, como pueden ser la esquizofrenia o la paranoia (delirios de persecución).

[10] Término tradicional que indica un trastorno de personalidad que se caracteriza por la impulsividad, la irresponsabilidad en las tareas cotidianas, la búsqueda constante de sensaciones, la frialdad emocional y el quebrantamiento de las normas sociales.

nes de ansiedad y sumisión, a la vez que son débiles físicamente, en general mantienen una actitud negativa ante la violencia o el uso de métodos violentos, y ante las agresiones prefieren huir o llorar en el caso de los más pequeños, en general se comportan de manera cauta y tranquila, suelen ser más sensibles y en muchos casos permanecen solos en la escuela. En el caso de la *víctima provocadora*, utiliza el término para describir a los estudiantes que combinan ansiedad y reacción agresiva y, en general exhiben un comportamiento que causa tensión y agitación en su entorno, como personas con baja concentración, o los hiperactivos (Paredes, Álvarez, Lega y Vernon, 2008).

En similar dirección Díaz-Aguado (2005) precisa la existencia de dos tipos de víctimas: las pasivas y activas. En el caso de las *víctimas típicas o pasivas*, se caracterizan por ser sujetos aislados, poco comunicativos, con baja popularidad, una conducta muy pasiva, manifestada por el miedo o ser muy vulnerables con incapacidad para defenderse por sí solos. Mientras que las *víctimas activas*, se caracterizan por tratarse de sujetos con un fuerte aislamiento social y por estar entre los alumnos más rechazados por sus compañeros, presentan una autoestima muy baja y un pronóstico negativo a largo plazo; son más vulnerables que las víctimas pasivas.

Amemiya, Oliveros y Barrientos (2009) describen a la víctima como aquel sujeto con algún defecto físico, que se encuentra más expuesto a la violencia escolar severa; en estos sujetos se mezclan conductas de discriminación y exclusión para dañar la imagen social y "envenenar" a otros contra él; se presenta una imagen negativa, distorsionada y enfermiza; se critica todo cuanto hace o dice, y muchas veces contra lo que no ha dicho ni hecho; no importa lo que haga, todo es utilizado y sirve para inducir el rechazo de otros. Avilés (2010) comenta que las agresiones agudizan la situación de vulnerabilidad de la víctima, debido a que puede tener consecuencias más nefastas que desembocan en el fracaso y dificultades escolares, niveles altos y continuos de ansiedad, insatisfacción, fobia a ir al colegio, riesgos físicos y conformación de una personalidad insegura e insana para el desarrollo correcto e integral, sin descartar la imagen que tiene de sí mismo y que puede llegar a ser muy negativa en cuanto a su competencia académica, conductual y de apariencia física, que en algunos casos puede desencadenar reacciones agresivas en intentos de suicidio.

Ccoicca (2010) indica que otro aspecto que vulnera más al niño es la procedencia, es decir, que si vienen de provincia hacia la capital, el desconocimiento de las normas de conducta en una ciudad lo expondrá a exclusión y mayores agresiones verbales por su origen "provinciano" que ostenta; se convierten en víctimas fáciles de los acosadores, que le intimidan y ridiculizan, dañando así la autoestima. Olweus (1998) destaca que la agresión física es más frecuente entre varones, ya que las mujeres utilizan formas de maltrato más indirectas como la difamación, el rumor, la manipulación de las relaciones de amistad, entre otras, por esta razón el bullying entre las mujeres es menos visible que entre los hombres (Cabezas y Monge, 2007).

El propio autor expone que entre los rasgos de las víctimas se presenta una fuerza física menor que el resto, lo cual implica que los hombres más fuertes utilicen su superioridad física para intimidar, a su vez, describe a las víctimas como ansiosas, inseguras, cautas, tranquilas, con baja autoestima y con opiniones negativas de sí mismos y de su situación, agrega que generalmente son estudiantes que no tienen amigos y están solos y abandonados, sin embargo, no presentan conductas agresivas, lo que los convierte en presa fácil de acosadores (Olweus, 1998).

Avilés (2006) refiere dos tipos de víctimas: la *activa* o *provocativa* y la *pasiva*. Describe a la primera como una víctima con rasgos ansiosos y de reacciones agresivas, lo cual es utilizado por el agresor para excusar sus conductas, bajo el argumento de "él me provocó". A la segunda la caracteriza como víctimas de bajo perfil, reservadas, introvertidas, inseguras y que no denuncian ningún tipo de agresión contra ellos (Cabezas y Monge, 2007).

Díaz (2010), por su parte, enumera que algunas características asociadas a los perfiles de las víctimas se encuentran en su relación con los rasgos psicopatológicos y los riesgos psicosociales que hacen especialmente vulnerables a los niños y jóvenes que la padecen, en materia de trastornos se pueden encontrar: el trastorno por déficit de atención con hiperactividad, trastornos de conducta, trastorno desafiante, trastorno explosivo intermitente y el trastorno adaptativo con alteración mixta de la emoción y de la conducta. El autor expone en relación con los rasgos psicopatológicos que el *trastorno por déficit de atención con hiperactividad*[11] ocurre cuando un niño presenta manifestaciones en su excesiva inquietud motora, es fundamentalmente disruptivo, inquieto, aunque no necesariamente agresivo. Normalmente su impulsividad e inquietud pueden llevarlo a una situación de recha-

---

[11] Se caracteriza por tres síntomas básicos: el déficit atencional, la hiperactividad y la impulsividad. Aunque estos son los síntomas nucleares de trastorno, normalmente viene asociado a otros, en mayor o menor grado, como los déficits específicos del desarrollo, los problemas de conducta y la ansiedad.

zo por parte de sus compañeros, en vez de ser víctima de agresiones físicas. Los *trastornos de conducta* –agrega el autor–, son aquellos que aluden a la psicopatología y violencia, caracterizados por los aspectos siguientes: el niño/adolescente percibe mal las intenciones de los compañeros, interpretándolas como hostiles, pueden ser insensibles, no presentando sentimientos de culpa ni remordimiento; tendencia a culpar a los compañeros de sus propias conductas erróneas; son alumnos con baja autoestima, a pesar de una apariencia de seguridad y dureza; escasa tolerancia a la frustración con respuestas agresivas ante ella; bajo rendimiento académico sin la necesidad de que existan trastornos específicos; y tendencia al consumo temprano o mayor vulnerabilidad al consumo de drogas y alcohol (Díaz, 2010).

En el caso del *trastorno desafiante* Díaz (2010) lo define como un trastorno caracterizado por presentar un patrón recurrente de conductas negativas y desafiantes, desobediencia y hostilidad frente a las figuras de autoridad. Mientras que el *trastorno explosivo intermitente* consiste en la presentación de episodios aislados de agresividad, violencia o destrucción de la propiedad. Finalmente, el *trastorno adaptativo con alteración mixta de la emoción y de la conducta* lo define como una reacción emocional y conductual exagerada a un estrés, algunos estresores pueden ser: cambios de domicilio, de colegio, de profesor/a, separación o divorcio de los padres, muerte de algún amigo íntimo o familiar y las agresiones físicas y sexuales.

El autor señala que en materia de riesgos psicosociales, éstos se desprenden de la interacción entre variables de tipo social y perfil psicopatológico[12] del individuo, como puede ser: el bajo nivel intelectual; el temperamento; el número de conflictos entre los padres; los déficits en el desarrollo neurocognitivo;[13] la violencia escolar; los abusos sexuales y/o físicos pueden dar lugar tanto a trastornos internalizantes (depresión/ansiedad), como a externalizantes (trastornos disruptivos); así como las anomalías en el vínculo afectivo (Díaz, 2010).[14]

---

[12] Ciencia que estudia los trastornos de la vida psíquica (o, dicho de otro modo, de la conducta significante) de los individuos. La psicopatología constituye la base de la psiquiatría y de la psicología clínica.

[13] En dicho desarrollo es común que se presente en el vínculo afectivo las dificultades en el desarrollo de la conducta prosocial, dificultades en la demora de la satisfacción, dificultades en la valoración de las consecuencias, dificultades en establecer la relación castigo/transgresión, falta de habilidades para la planificación y déficits en el aprendizaje a través de consecuencias negativas.

[14] Situaciones de estrés y dificultades intrafamiliares, familias sin apoyo social, algunos trastornos psicopatológicos en los padres, y los problemas graves de salud en el niño.

Díaz (2010) agrega que, de igual manera, los riesgos psicosociales están ligados al ambiente y sostenimiento familiar, como pueden ser a los aspectos de: recursos económicos insuficientes; negligencia en los cuidados parentales; alteraciones del vínculo afectivo entre los integrantes; familias muy numerosas; enfermedad psiquiátrica; alcoholismo; nivel socioeconómico bajo; trastornos de conducta de los hijos; conflictividad intrafamiliar grave; consumo de drogas por parte de los padres; maltrato físico y/o psíquico, entre otros. Finalmente, el autor reconoce que algunos factores de riesgo ligados a la comunidad o riesgos comunitarios pueden ser la carencia de estructuras asistenciales, de apoyo comunitarios (programas de combate a la pobreza), el crecimiento sociodemográfico, sobrepoblación, migración, asentamientos irregulares, hacinamiento, viviendas en condiciones precarias, inseguridad pública y escasez de servicios básicos (Díaz, 2010).

ESPECTADORES

En el caso de los espectadores, Avilés (2010) indica que se caracterizan por no permanecer libres de la influencia respecto a los hechos de intimidación, destacados por asumir posturas individualistas, egoístas y apáticas. Cabezas y Monge (2007) exponen que los espectadores no participan directamente, pero se divierten ante las agresiones que sufren sus compañeros, no los defienden, y tampoco delatan a los victimarios, se callan ante el temor de que los papeles se inviertan, y ser ellos a quienes se victimice.

Olweus (1973; 1978; 1998) describe que la comprensión de este fenómeno pone en evidencia que el bullying no se limita a la existencia de agresores y víctimas. La realidad es que otros estudiantes, aun sin tomar la iniciativa de las agresiones, sí toman parte en las intimidaciones apoyando a los agresores en sus actos y simpatizando con ellos; en palabras del autor, son los "agresores pasivos, seguidores o secuaces", quienes conforman un grupo de estudiantes muy heterogéneo (Paredes, Álvarez, Lega y Vernon, 2008).

Ccoicca (2010) distingue cuatro tipos de espectadores, los *espectadores pasivos*, identificados por alumnos que saben de la situación y callan porque temen ser las próximas víctimas o porque no sabrían cómo defenderse. *Espectadores antisociales*, alumnos que acompañan en los actos de intimidación (el acosador suele estar acompañado por alumnos fácilmente influenciables y con un espíritu de solidaridad poco desarrollado). El *espectador reforzador*, aunque no participa de la agresión de manera directa, observa las agresiones, las aprueba e incita. Finalmente, el *espectador asertivo*, representado por alumnos que apoyan a la víctima, y a veces hacen frente al agresor.

Olweus (1993) subraya que la presencia de los espectadores en la reproducción del fenómeno construye en el contagio social que inhibe la ayuda e incluso fomenta la participación en actos intimidatorios por parte del resto de los compañeros, en otras palabras, se crea un círculo de pasividad y legitimación de las prácticas agresivas. Esta pasividad por parte de los compañeros favorece la dinámica del bullying entre los escolares. El mismo autor describe en cuanto a las repercusiones que tiene la intimidación para los espectadores, se pueden enunciar en tres tipos de conductas: el de callar por miedo para no ser la próxima víctima de la agresión; el de convertirse en "*hincha* o ayudante del agresor"; y el hacerle frente al agresor y convertirse en su "rival" (actuando de esta forma como el defensor o solidario de la víctima).

El mismo autor agrega que otro aspecto importante de la influencia del bullying sobre los observadores es que produce un efecto de desensibilización y la pérdida de empatía frente al dolor ajeno, al igual que se presenta el miedo, sumisión, pérdida de empatía, desensibilización ante el dolor del prójimo, falta de solidaridad, interiorización de conductas antisociales y delictivas para conseguir objetivos, sentimientos de culpabilidad, persistencia de síntomas a largo plazo y en edad adulta; íntimamente relacionado con una serie de factores intervinientes en la reproducción de la propia intimidación (Olweus, 1993).

FACTORES INTERVINIENTES

Piñuel (2007) sugiere que existen ciertos factores intervinientes que acentúan los efectos del bullying sobre las víctimas, y éstos se originan cuando los padres emiten cinco tipos de mensajes tóxicos a los niños acosados, como lo es: negar la versión que el niño trae sobre la violencia que padece; mostrar al niño que esto siempre ha ocurrido así "en mis tiempos también lo padecí"; decir a los niños que esto es bueno "te hará más duro, te prepara para la vida, te forja el carácter"; los padres señalan al niño que ante el acoso prefieren que el niño se transforme en alguien violento frente a los que le acosan: "prefiero que vengas con un ojo en la mano a casa, a que vengas llorando porque otro te ha pegado", "si te pegan, pégales tú más fuerte", "el que pega primero, pega dos veces"; finalmente dejar que las cosas se enfríen, o pierdan importancia "no te preocupes, pronto pasa" (Amemiya, Oliveros y Barrientos, 2009).

Por su parte, Cerezo (2001) agrega que en cualquier aproximación explicativa del bullying se requiere asumir la existencia de ciertos componentes de personalidad, creencias y moralidad en los protagonistas, resultando evidentes los componentes sociales, ambientales y culturales, como parte de adquisición de patrones de comportamiento agresivo o de sumisión, que contribuirán en distinta medida, en la reproducción de conductas agresivas (Díaz-Aguado, 2005; Cerezo, 2009). Ante ello, los autores indican la necesidad de situar el problema del bullying en el marco social donde se genera, y no sólo en sus protagonistas directos o en sus acciones o prácticas de intimidación, lo que contribuirá a la identificación de los factores que pueden estar desencadenando la presencia del bullying en cualquier contexto.

Luciano, Marín y Yuli (2008) indican que el fenómeno suele pasar inadvertido para los adultos, convirtiéndose en un fenómeno invisible, que alimenta sentimientos de inseguridad, debilidad y vergüenza en las víctimas; factores que agudizan el problema de la denuncia y atención de las víctimas, dejando a los responsables sin sanción. En este sentido, los autores enmarcan que dicha invisibilidad se denomina "violencia silenciosa", entendida como la reiterada ocurrencia de las conductas violentas en escenarios menos visibles para algún espectador, como pueden ser: en los baños, la salida de la escuela, en áreas poco concurridas, en algún punto del trayecto del niño (casa-escuela). O en su extremo, en escenarios de mayor visibilidad como puede ser el área de recreo o en el salón de clases, en donde los docentes no lo asumen como un fenómeno visible, es decir, las prácticas agresivas las consideran como algo natural, cotidiano y propio de la edad del niño. Siendo en dicho orden de ideas donde se representan en la actualidad los grandes pendientes del estudio del fenómeno del bullying; tendencia donde se están desarrollando las actuales investigaciones y discusiones teóricas (Luciano, Marín y Yuli, 2008).

2

Discusión actual del bullying

Las primeras referencias sobre el bullying –o al menos los primeros trabajos– se pueden atribuir al escritor Tomas Hughes en 1857, quien publicó su libro *Tom Brown's School Days*, en el cual relata los efectos dañinos del bullying en escuelas públicas de Inglaterra, y que en su momento causó un gran debate público (Paredes, Álvarez, Lega y Vernon, 2008). Un siglo después en Escandinavia, a principios de los años setenta, el profesor Dan Olweus estableció los primeros estudios formales que dieron origen al estudio de las implicaciones del bullying, como se ha señalado anteriormente (Heinnemann, 1972; Olweus, 1978; 1980; 1993).

Dicho momento, desprende un amplio y prolífico campo de investigación en países europeos como Inglaterra (Smith y Sharp, 1994), Irlanda (O'Moore y Hillery, 1989), Italia (Genta, Menesini, Fonzi, Costabile y Smith, 1996), Alemania (Schäfer, 1996), España (Defensor del Pueblo-UNICEF, 2000; 2007; Del Rey y Ortega, 2005; Fernández y Quevedo, 1991; Ortega, 1992; 1994; 1995; Ortega y Mora-Merchán, 2000), Australia (Rigby y Slee, 1991), Japón (Morita, 1985) y EUA. (Nansel, Overpeck, Pilla, Ruan, Simons-Morton y Scheidt, 2001; Perry, Kusel y Perry, 1988; Tattum, 1993), entre otros países. Investigaciones que según Portillo (2003) no dejan de multiplicarse en muchos lugares del mundo desarrollado y subdesarrollado –en sus justas dimensiones– y en las que se está debatiendo la naturaleza del fenómeno, así como su prevalencia, factores de riesgo asociados, consecuencias y formas de prevención e intervención (Del Rey y Ortega, 2008).

Cabe destacar que desde las primeras aproximaciones a la comprensión del problema del bullying por Olweus (1973) se derivaron estudios de corte longitudinal sobre las víctimas, en los cuales se concluyó que a la edad de 23 años, todos tenían pobre autoestima y eran propensos a deprimirse. Razón por la cual, la mayor parte de los estudios sobre bullying en los colegios de Europa y Australia se han concentrado en las consecuencias que para la salud conlleva el ser persistentemente víctima de acoso por pares (Olweus, 1998; Rigby, 2000; Paredes, Álvarez, Lega y Vernon, 2010).

En tanto, las investigaciones transversales desarrolladas a la par de las longitudinales sugirieron y sugieren que el ser continuamente agredido por pares está significativamente relacionado con bajos niveles de bienestar psicológico y ajuste social, así como con altos niveles de estrés psicológico y con diversos síntomas somáticos. A su vez, según Rigby (2000) los reportes de estudios retrospectivos indicaron que la agresión constante efectuada por pares puede contribuir a dificultades posteriores en salud y bienestar general, mientras que los estudios longitudinales proveen fuerte soporte sobre el hecho de que esta situación es un factor causal significativo de problemas de salud y bienestar emocional, y que los efectos pueden ser duraderos. Más aun, estos estudios indican que la tendencia a victimizar a otros en la escuela predice con certeza la conducta antisocial y violenta del adulto (Acevedo, 2010; 2011).

Ortega, Del Rey y Mora-Merchán (2001) establecen que existe hoy día fuerte evidencia sobre la presencia del problema y las consecuencias negativas a largo plazo, sin embargo, reconocen que se siguen presentando dificultades en el estudio del propio fenómeno. Agregan que las dificultades que se presentan se deben a la diversidad de variables que se conjugan, como pueden ser: la percepción de los implicados sobre lo que sucede, la percepción externa, la participación de otras personas en el mantenimiento o resolución del problema, y la conducta individual, entre otras. Indicadores que hacen que la propuesta metodológica que se diseñe adquiera complejidad.

Los mismos autores describen que otra dificultad se revela al momento que se habla de *violencia escolar*, término que alude a un sinnúmero de interpretaciones y descripciones que busca, en el mejor de los casos, denominar todos los actos realizados por jóvenes en edad escolar, en donde se implica algún grado de agresión y en los que se incurre en o fuera de la escuela, como problemas de pandillas, drogadicción, problemas de disciplina, violencia intrafamiliar y sus correlatos con el comportamiento infantil, situaciones de desplazamiento y deserción escolar, violencia política y vandalismo, entre otros (Ortega *et al.*, 2001).

Los propios autores destacan que en los países de idioma español se suma además de la definición del concepto de violencia escolar, la complejidad de la traducción de la palabra bullying, término que entre los estudiosos del tema aún no han llegado a acuerdos sobre las implicaciones que deben considerarse para dicha nomenclatura (Ortega *et al.*, 2001; Paredes, Álvarez, Lega y Vernon, 2010).

En esta línea Ortega *et al.* (2001) argumentan que en la actualidad, aunque no es posible hablar de una definición única, se puede afirmar que existe un alto índice de concordancia a la hora de plantear cuáles son los elementos claves para definir el maltrato entre iguales o bullying. En primer lugar, se está ante un comportamiento de naturaleza agresiva, independientemente de la forma que tome (física, psicológica, verbal o social). En segundo lugar, esta conducta debe repetirse en el tiempo con cierta consistencia. Por último, la relación que se establece entre agresor y víctima se caracteriza por un desequilibrio de poder. En este sentido, la definición más aceptada y reconocida por la mayoría de los estudiosos del tema es la formulada por Olweus (1998, pág. 31):

> Decimos que un estudiante está siendo intimidado cuando otro estudiante o grupo de estudiantes dice cosas mezquinas o desagradables, se ríe de él o ella o le llama por nombres molestos o hirientes. Le ignora completamente, le excluye de su grupo de amigos o le retira de actividades a propósito. Golpea, patea y empuja, o le amenaza. Cuenta mentiras o falsos rumores sobre él o ella, le envía notas hirientes y trata de convencer a los demás para que no se relacionen con él o ella. Y cosas como ésas. Estas cosas ocurren frecuentemente y es difícil para el estudiante que está siendo intimidado defenderse por sí mismo. También es bullying cuando un estudiante está siendo molestado repetidamente de forma negativa y dañina. Pero no lo podemos llamar bullying cuando alguien se mete con otro de forma amistosa o como en un juego. Tampoco es bullying cuando dos estudiantes de la misma fuerza discuten o pelean.

Por otra parte, Paredes, Álvarez, Lega y Vernon (2008) exponen que la consistencia en cuanto a la presencia del fenómeno de la intimidación y sus consecuencias en los resultados de tan diversos estudios y países, indica probablemente que este problema contiene una dinámica propia que traspasa culturas y condiciones sociopolíticas, en donde se plantea la necesidad de conocer lo que sucede al respecto en el resto de los países que no se han sumado al estudio del propio fenómeno. Del Rey y Ortega (2008) opinan que la toma de conciencia de la magnitud conceptual de la violencia escolar ha invitado a muchos investigadores que estudian el fenómeno bullying a analizar también la violencia escolar.

Sin embargo, a la par se han presentado dificultades a la hora de comparar datos entre investigaciones dentro de un país o entre países (Smith, 2003; Smith, Morita, Junger-Tas, Olweus, Catalana y Slee, 1999), por lo que, en aras de clarificar las diferencias entre violencia escolar y bullying, muchos autores (Debarbieux, 2006; Menesini y Modaino, 2001; Olweus, 1998; Ortega, 2000, 2005; Ortega y Mora-Merchán, 2000; Smith, 2003) se han ocupado de esclarecer las diferencias entre ambos conceptos, aunque otros los siguen utilizando indistintamente. En este sentido, se perciben dos líneas de respuesta.

Por un lado, la encabezada por Olweus (1998), quien afirma que tanto el maltrato entre iguales como la violencia son incluidos en el concepto de la agresividad, compartiendo, entre ellos, la agresividad física directa, idea compartida por otros investigadores (Smith y Sharp, 1994; Smorti, Mckeough, Ciucci y Misfeld, 1999, entre otros). Por otro lado, se defiende que el bullying es un tipo de violencia entre compañeros y, por tanto, es violencia escolar, y no un fenómeno distinto a ella, posición también aceptada por otros investigadores (Debarbieux, 2006).

Olweus (1993) fundamenta su postura a partir de una serie de instrumentos dirigidos hacia la participación de los estudiantes, ya sea en el papel de intimidadores (*bullies*), de observadores o de víctimas. Avilés (2006) agrega que entre los instrumentos que se han utilizado para la medición del propio fenómeno se encuentran el Cuestionario sobre intimidación y maltrato entre iguales (CIMEI), el cual representa un autoinforme compuesto por 30 ítems de opción múltiple (Avilés, 2006) (véase anexo 1) y el CIMEI para profesores compuesto por 10 ítems (véase anexo 2) (Ortega y Mora, 1995).

En este sentido, dos ejemplos de cómo se ha medido la variable intimidación se encuentran en el trabajo de Gutiérrez, Toledo y Magenzo (2010), quienes utilizaron una pregunta cerrada en que el concepto se define por la frecuencia con que un estudiante es agredido por sus pares, es decir, ¿cuántas veces se es molestado durante cierto tiempo?, teniendo como alternativas de respuesta: varias veces al día, todos los días, 2 o 3 veces a la semana, una vez a la semana, 1 vez al mes y, se consideró la posibilidad de nunca haber sido intimidado. Mientras que para medir la variable clima escolar, utilizaron la pregunta que refiere al sentimiento de ser respetado por los compañeros de curso, esta medición puede explicar la percepción del estudiante sobre el trato que le dan sus compañeros durante su convivencia en el aula. Las respuestas se presentan en una escala que va desde muy respetado, respetado, ni mucho ni poco, muy poco respetado, a no me siento respetado (Gutiérrez, Toledo y Magenzo, 2010).

Taki (2001) enumera que dentro de otras variables que se pueden estudiar y medir del bullying con el ambiente escolar, pueden ser: el estrés, la falta de tolerancia y discriminación. Agregando el Defensor del Pueblo (2007) que se debe de tomar en cuenta el abuso verbal, abuso por exclusión social, los chantajes y el acoso sexual. Hoyos (2005) –y replicando dicho trabajo– coincide en que las agresiones verbales son el tipo de abuso más frecuente, sugiriendo que las edades en las cuales el bullying se presenta con mayor frecuencia son alrededor de la adolescencia temprana, y el fenómeno va disminuyendo conforme los jóvenes aumentan en edad (Castillo y Pacheco, 2008).

Ahora bien, la mayor parte de los estudios realizados en las dos últimas décadas sobre la violencia entre iguales en la adolescencia, como el caso de Díaz-Aguado (2005), se han concentrado en la violencia que se produce en la escuela y en torno a una de sus principales modalidades, la denominada bullying, en la cual se han privilegiado las siguientes variables: conductas de diversa naturaleza, como burlas, amenazas, intimidaciones, agresiones físicas, aislamiento sistemático e insultos; la problemática que se repite y prolonga durante cierto tiempo (reprobación, deserción escolar, agresiones contra el profesor y contra pares); abuso de poder (provocado por un alumno o matón y apoyado generalmente en un grupo, contra una víctima que se encuentra indefensa); y la ignorancia o pasividad de las personas que rodean a los agresores y a las víctimas sin intervenir directamente. El autor señala que la mayor parte de las investigaciones sobre acoso entre escolares se han realizado desde una perspectiva descriptiva, buscando conocer la incidencia del problema, así como las características de los individuos que intervienen como agresores o como víctimas, de ahí los sesgos en materia de la explicación del propio fenómeno, debido a que no se cuenta con explicaciones e interpretaciones de mayor inferencia o contundencia, avalados con soportes teóricos o *estudios cruciales*.[1]

Bajo el presente orden de ideas, entre los estudios que ofrecen contundencia se encuentra el de Díaz-Aguado, Martínez y Seoane (2004), autores que evidenciaron que los agresores tienen menor disponibilidad de estrategias no violentas de resolución de conflictos, detectando además las siguientes carencias en torno al agresor: justifican en diversos sentidos la violencia y son a la vez intolerantes a las relaciones entre iguales, manifestándose también como más racistas, xenófobos y sexistas;[2] tienen dificultad para ponerse en el lugar de los demás;[3] están menos satisfechos que los demás con su aprendizaje escolar y con las relaciones que establecen con los profesores; son percibidos por sus compañeros como intolerantes y arrogantes.

Por su parte, Ortega y Mora-Merchán (1995) reflexionan en torno a los hallazgos de sus estudios sobre dos variables que ejercen gran influencia en términos tanto de la incidencia del problema como en las diversas formas que adquiere, siendo éstas: la edad y el género. Aclarando que la violencia interpersonal entre iguales es un fenómeno que va decreciendo con la edad y que parece afectar más a los varones que a las mujeres, sin que ellas estén excluidas de ser víctimas en igual proporción que ellos, aunque son agresoras de sus iguales en mucha menor medida, agregando –los propios autores respecto a las formas de trato–, que los hombres parecen utilizar tipos de violencia más directa o física, mientras que las mujeres parecen utilizar formas más sutiles e indirectas como la relacional (Ortega, 2005).

Díaz-Aguado (2005) demostró que se presentan cinco cambios entre la escuela primaria y secundaria que pueden explicar este incremento de las conductas destructivas, como pueden ser: el mayor énfasis en el control y la disciplina; el deterioro de la relación con el profesorado; la reducción de las oportunidades para participar en

---

[1] Un estudio crucial se puede entender como aquella investigación empírica, con rigor metodológico y científico, que ofrece a partir de sus hallazgos eliminar la especulación de un fenómeno o tema de estudio. Sobre todo logra eliminar las creencias o leyendas urbanas de los orígenes de las problemáticas sociales.

[2] Es decir, que tienden a identificarse con un modelo social basado en el dominio y la sumisión.

[3] Su razonamiento moral es más primitivo que el de sus compañeros, siendo más frecuente entre los agresores la identificación de la justicia con (hacer a los demás lo que te hacen a ti o crees que te hacen), orientación que puede explicar su tendencia a vengar reales o supuestas ofensas. Y se identifican con una serie de conceptos estrechamente relacionados con el acoso escolar, como los de chivato y cobarde, que utilizan para justificarlo y mantener la conspiración del silencio que lo perpetúa.

clase; el descenso en las calificaciones académicas; y que el profesorado se sienta menos eficaz que el de primaria, reduciendo su papel a impartir una determinada materia. El mismo autor propone que, para prevenir y modificar tales estructuras de las actividades escolares, se requiere orientar el desarrollo de proyectos y tareas, que sean definidas como propias por el adolescente. Finaliza indicando que los hallazgos que se han efectuado en los distintos países, derivado de las múltiples disciplinas y, sobre todo, de los diversos soportes teóricos, han venido a contribuir en mayor medida a la discusión y conocimiento que se tienen del propio fenómeno, y por conciencia, se posee un soporte documental que puede permitir toda una labor preventiva y estratégica que permee en la disminución de las prácticas de intimidación en los contextos educativos.

ESTUDIOS EN EUROPA

Cabe destacar que dentro de las investigaciones sobre el bullying que se han realizado en casi todos los países, merecen atención especial los estudios llevados a cabo en España, y que son un referente para otras investigaciones, entre los que se pueden encontrar el de Cisneros X (Oñate y Piñuel, 2007, citado por Ccoicca, 2010), quien con una muestra de 24 990 alumnos de 14 comunidades autónomas encontró que 13.90 % de los alumnos es agredido con sobrenombres, 10.40 % con el silencio o no dirigirles la palabra. Además, identificó que la tasa de acoso entre niños es de 24.4 %, en tanto que la de las niñas fue de 21.6 %, y la tasa de acoso total fue de 23.3 %.

Otro de los estudios relevantes es el de Sevilla Anti-Violencia Escolar (SAVE)[4] en el cual participó el equipo de Investigaciones Psicopedagógicas de la Universidad de Sevilla (Ortega, 1992, 1994, 1995, 2000, 2005; Ortega y Mora-Merchán, 1995, 2000; Ortega, Del Rey y Mora-Merchán, 2001), trabajo que derivó en un modelo para el abordaje de la formación al servicio del profesorado innovador, el cual articula la coherencia entre lo que se pide al alumno y lo que piensa y valora el profesor sobre el mismo asunto (Del Rey y Orte-

---

[4] El SAVE ha sido un proyecto de investigación articulado a una propuesta de innovación educativa que perseguía el estudio de los problemas de violencia escolar y buscaba fórmulas de prevención de este fenómeno que está presente, en mayor o menor medida, en todas las escuelas de educación obligatoria.

ga, 2001). Identifican el maltrato físico o psicológico como un fenómeno complejo que acontece en el ámbito semiprivado de ciertas relaciones entre iguales, donde se tolera la prepotencia, el abuso y el desequilibrio de poder entre unos y otros, derivado de la incomunicación o malos entendidos entre los actores educativos (administrativo-profesor-alumno) (Del Rey y Ortega, 2001).

Bajo el similar orden de ideas Díaz-Aguado, Martínez y Seoane (2004) en su estudio realizado en 12 centros de secundaria de la Comunidad de Madrid, con 826 adolescentes[5] compararon la violencia entre iguales con dos variables importantes, como lo son el contexto educativo y la ociosidad. Encontraron que las mayores prácticas de intimidación se dan ante la presencia de ocio, al igual de mayor presencia de agresores, es decir, que a mayor ocio, mayor actividad de intimidación. Agregan que las frecuentes situaciones de exclusión y humillación que se producen en la escuela originan la violencia de los adolescentes que la ejercen. Detectaron además que el problema más frecuente (en 16.1 % de los casos) es el de la exclusión, seguido de situaciones de victimización en la escuela (en 3.4 % de los evaluados).

A partir de dichos hallazgos (entre otros) los propios autores deducen que se trata de un fenómeno que parece formar parte habitual de la cultura escolar tradicional, puesto que a lo largo de su vida en la escuela todos los alumnos parecen tener contacto con él, como víctimas, agresores o espectadores (la situación más frecuente); y finalmente el dar a conocer al conjunto de la sociedad la información sobre la incidencia de la violencia entre escolares es un paso fundamental para romper la tradicional "conspiración del silencio" que ha existido hacia este problema, superando la frecuente tendencia que llevaba a minimizarlo (Díaz-Aguado, 2005).

Otro estudio desarrollado en la población española para identificar las prácticas de intimidación, es el de Hunter, Mora y Ortega (2004), quienes estudiaron a un grupo de 219 estudiantes universitarios españoles (73 hombres y 146 mujeres) con edades comprendidas entre 18 y 40 años, mediante la aplicación de una versión adaptada del *Retrospective Bullying Questionnaire* (RBQ), y una escala de estrés (River, 1999, citado por Hunter, Mora y Ortega, 2004). Encontraron que ni las estrategias de afrontamiento usadas

---

[5] De edades comprendidas entre los 13 y los 20 años, y una edad media de 15 años.

espontáneamente por las víctimas, ni el control sobre ellas, ejercen influencia sobre el estrés experimentado en la edad adulta. Sin embargo, sí ejerce influencia sobre el estrés a largo plazo la valoración que el sujeto hace de la situación violenta, como un reto controlable o como una amenaza que no puede ser controlada.[6] En resumen en materia de los estudios realizados en España hasta el año 2000, el único trabajo que se encontraba relacionado con la violencia en el ámbito escolar era el realizado por el Defensor del Pueblo en el año 1999 (informe del Defensor del Pueblo sobre violencia escolar). Sin embargo, en los años subsecuentes aumentaron proporcionalmente, arrojando información y descripción de las dimensiones del propio fenómeno, entre los trabajos que se pueden mencionar, se encuentran el de Cerezo (1992, citado por Felip, 2007); Orte (1999, citado por Felip, 2007); Defensor del Pueblo (1999); CC. OO. Federación Valenciana de Enseñanza (García y Martínez, 2001, citado por Felip, 2007); Generalitat de Catalunya (elaborado conjuntamente por el Departamento de Educación y de Interior, 2001); Hernández (2001, citado por Felip, 2007); Instituto Navarro de la Mujer (Hernández, 2002, citado por Felip, 2007); Pareja (2002), entre otros (cuadro 2.1).

Es relevante destacar que no sólo en España se desarrollaron estudios de gran envergadura, también hay otros países en el continente europeo que originaron tal proliferación de trabajos; por ejemplo en Bélgica (Flandes), en donde Stevens, De Bourdeauhuij y Van Oost (2000), como resultado de sus investigaciones delimitaron tres componentes básicos para la solución del bullying, como lo son: una política escolar de normas y sanciones claramente contrarias al acoso; cuatro sesiones en el aula sobre estrategias y habilidades de resolución de conflictos de acoso y en apoyo a las víctimas; y el tratamiento específico con agresores y víctimas.

Díaz-Aguado (2005) indica a partir de dichas recomendaciones que los resultados obtenidos en las escuelas experimentales de primaria y con las escuelas de control reflejan una significativa eficacia

---

[6] Los autores discuten posibles explicaciones, incluyendo la posibilidad de que tales valoraciones quizá ejerzan una influencia directa en el propio nivel de estrés, especialmente en el tono emocional experimentado por las víctimas durante los episodios de violencia. Definen que las estrategias activas de afrontamiento son valoradas como efectivas por los estudiantes, mientras que las estrategias que niegan el conflicto o incluyen respuesta agresiva se consideraron poco eficaces.

según lo que declaran los agresores, pero no según lo que declaran las víctimas.[7] El mismo autor expone que dichos hallazgos difieren, a su vez, dependiendo del contexto bajo el cual se presenten las prácticas de bullying, y puntualiza que las investigaciones que se hacen en Europa difieren del contexto latinoamericano por factores de orden cultural, económico, político y social.

ESTUDIOS EN LATINOAMÉRICA

En Latinoamérica, la violencia escolar se convirtió en un problema de salud pública en la década de 1990, Brasil es el primer país del continente donde se presenta la mayor prevalencia sobre este fenómeno (Abramovay, 2003). En tal sentido, la UNESCO (2001) elaboró en dicho país un estudio donde les preguntó a los alumnos de educación secundaria sobre llevar armas a las escuelas, a lo que 13 % respondió positivamente. Indicador que ilustra la fuerte tendencia hacia la agresión y hacia las prácticas violentas en tales contextos.

En Colombia, por ejemplo, según Castañeda (2003) la incidencia de la violencia en los escolares es el reflejo de la violencia general que existe en dicho país. Cuevas (2007) considera que los estudios desarrollados en este país están orientados hacia la exploración en dos categorías: los que indagan sobre la incidencia y los que se centran en las representaciones sobre el fenómeno en el ámbito escolar. Indican que no existen trabajos de tipo retrospectivo, sobre la base de los recuerdos que se conservan sobre las situaciones de maltrato y victimización (Reátiga, 2009).

En Uruguay existen estudios a nivel nacional que tratan el tema de la violencia escolar, donde se observa una alta tasa de incidencia hacia la intimidación. Vizcardi (2003) señala que en estos estudios

---

[7] Cabe mencionar que según el propio autor en las escuelas de secundaria el programa no resultó eficaz a partir de ninguno de estos dos indicadores. Dificultad que ya había sido detectada en otros trabajos (Smith y Sharp, 1994), y que es atribuida a lo inadecuado que puede resultar tratar de influir en adolescentes a partir de normas establecidas por los adultos. De lo cual se deriva la necesidad de adaptar los programas desde una perspectiva evolutiva (Stevens, De Bourdeauhuij y Van Oost, 2000). Las investigaciones posteriores permitieron concluir que la eficacia de los resultados de los programas contra el bullying mejora cuando éstos se desarrollan de forma continua, desde una perspectiva de largo plazo, más que como una intervención puntual (Carney y Merrell, 2001); que con frecuencia la eficacia sólo se observa en una de las dos perspectivas evaluadas: la de las víctimas (Menesini y Smorti, 1997) o la de los agresores (Stevens *et al.*, 2000); o que la disponibilidad de los iguales para hacer de mediadores en la resolución de conflictos y apoyo a las víctimas es significativamente menor entre los jóvenes (Nailor y Cowie, 1999; Díaz-Aguado, 2005).

Cuadro 2.1. Evidencia empírica desarrollada en España.

Autor	Descripción
Cerezo (1992)	Prueba piloto (realizada a 315 alumnos de entre 10 y 15 años) para evaluar la fiabilidad y la validez del test bully, elaborado por la autora del estudio, que sirve para analizar las características psicoafectivas del grupo, detecta implicados y aspectos situacionales en las relaciones de agresividad entre iguales en la Comunidad de Murcia.
Orte (1999)	Estudio sobre la incidencia del maltrato y otros conflictos escolares a través de un cuestionario dirigido a estudiantes (3000 alumnos de entre 10 y 16 años) y docentes de primaria y secundaria de las Islas Baleares.
Defensor del Pueblo (1999)	El estudio parte de una muestra representativa de estudiantes (3000 alumnos de 300 centros públicos y privados de toda España) de los cuatro cursos de Educación Secundaria Obligatoria (ESO), que contestaron a un cuestionario basado en el de Olweus, pero con novedades, que también fueron contestados por los jefes de estudios de los 300 centros de la muestra.
CC.OO. Federación Valenciana de Enseñanza (García y Martínez, 2001)	Estudio realizado a una muestra representativa de alumnos de 3o. de ESO (3328 estudiantes de 36 centros públicos), así como directores, orientadores y docentes que contestaron a un cuestionario sobre diversos tipos de conflictos en el centro (vandalismo, consumo de drogas, agresiones al profesorado, etc.), así como conductas de maltrato entre iguales.
Generalitat de Catalunya (elaborado conjuntamente por el Departamento de Educación y de Interior) (2001)	Investigación sobre comportamientos conflictivos, entre otras conductas antisociales se analizaban el consumo de drogas, las agresiones al profesorado, los robos, el vandalismo y el maltrato entre iguales. Realizada a 7394 estudiantes de ESO y bachillerato de 110 centros catalanes.
Hernández (2001)	Tesis doctoral realizada en Oviedo, que estudia las relaciones de los niños agresivos con sus iguales, a nivel de aceptación y rechazo, incidiendo tanto en el ámbito académico como en el lúdico, con una muestra de 132 estudiantes de 6 a 12 años.

Cuadro 2.1. (*Continuación.*)

Autor	Descripción
Instituto Navarro de la Mujer (Hernández *et al.*, 2002)	Estudio sobre el maltrato entre iguales, con especial énfasis en la variable género en 603 estudiantes de ESO de 18 centros.
Pareja (2002)	Estudio realizado combinando cuestionarios y grupos de discusión de 17 centros de secundaria de la ciudad de Ceuta, se utilizó una muestra de 382 estudiantes de ESO y bachillerato.
INJUVE (Díaz, Martínez y Seoane, 2004)	Estudio titulado "Prevención de la violencia y lucha contra la exclusión desde la adolescencia". Realizado a 826 estudiantes de 2o. de ESO hasta 1o. de bachiller de 12 centros de Getafe, Móstoles y Fuenlabrada.
Lucena (2004)	Tesis doctoral sobre variables personales, familiares y escolares que influyen en el maltrato entre iguales. Estudio realizado con una muestra de 1845 alumnos de 2o. y 4o. de ESO de 27 centros.
Gobierno de Euskadi (realizado por diferentes departamentos del mismo gobierno) (2004)	Trabajo de educación sobre la convivencia y la paz en los centros escolares realizado a 2052 estudiantes de 4o. de ESO.
Durán (2004)	Tesis doctoral de Granada que analiza el fenómeno de la violencia escolar. Estudio realizado con una muestra de 1751 estudiantes de 3o. y 4o. de ESO (15 centros).
Avilés (2005)	Estudio que recoge información de cuatro cursos de ESO (496 estudiantes) de cinco institutos de la ciudad de Valladolid.
Centro Reina Sofía (Serrano e Iborra, 2005)	Realizado a 800 estudiantes de ESO mediante entrevista telefónica. Se trataba de contestar 32 preguntas sobre situaciones de violencia en general, y específicamente de acoso entre compañeros.

Defensor del Pueblo (2006)	Estudio comparativo del fenómeno del maltrato entre iguales que se produce en el momento actual en relación con siete años antes (estudio realizado por el mismo Defensor del Pueblo en el año 1999). También con 3000 alumnos de ESO de 300 centros públicos y privados de toda España.
Consejo Escolar de Andalucía (2006)	Realizado a 895 estudiantes de ESO y bachillerato. Estudio realizado también a partir de un cuestionario dirigido a miembros de los consejos escolares de los centros públicos y concertados de primaria y secundaria.
Gómez-Bahillo (2006)	Estudio realizado en Aragón a 984 estudiantes de 5o. y 6o. de primaria, ESO, bachillerato y ciclos formativos de grado medio. En este estudio alumnos, familias y profesores de una muestra representativa del último ciclo de primaria y de secundaria contestaron unos cuestionarios sobre convivencia y conflictos en los centros.
Ramírez (2006)	Investigación realizada a través de un cuestionario a alumnos de dos centros de primaria que también impartían el primer ciclo de Educación Secundaria Obligatoria de Ceuta. La muestra comprendía a 587 estudiantes de 3o. a 6o. de primaria y del primer ciclo de ESO.
Servicio de Inspección Técnica de La Rioja (Sáenz, 2005)	Informe sobre acoso escolar realizado combinando el análisis de 70 casos de víctimas y agresores a través de cuestionarios a docentes, alumnos, orientadores y equipos directivos de centros de primaria, ESO, bachillerato y ciclos formativos, con una muestra de 1053 estudiantes desde 3o. de primaria hasta 2o. de bachillerato, incluyendo los ciclos formativos.
Oñate y Piñuel (Informe Cisneros, 2005)	Informe sobre violencia y acoso escolar realizado en 222 aulas de la Comunidad de Madrid a 4600 estudiantes de 2o. de primaria y 2o. de bachillerato.

Cuadro 2.1. (*Continuación.*)

Autor	Descripción
Oñederra, Martínez, Tambo y Ubieta (2005)	Tesis doctoral que estudia el índice de bullying en Euskadi tanto en primaria como en la secundaria obligatoria, realizado a 5983 estudiantes Ararteko.
Defensor del Menor de la Comunidad de Madrid (2006)	Estudio de convivencia encargado al Instituto IDEA que se realizó a través de un cuestionario a los alumnos y también a sus profesores. Se tomó una muestra de 4460 alumnos de 5o.-6o. de primaria y ESO.
Defensor del Pueblo de Euskadi (2006)	Investigación realizada por el instituto IDEA en centros de ESO en la que se utilizó una muestra representativa de estudiantes (4208 estudiantes de 2o. y 4o. de ESO, de 80 centros), familias, docentes y directivos y una metodología que combinaba cuestionarios con entrevistas y grupos de discusión.
Avilés (2006)	Investigación que pretende valorar las diferencias de percepción del maltrato entre iguales a partir de la causa que atribuyen al mismo según la situación de participación (ejercicio, recepción o contemplación), el perfil habitual que ocupa el agresor, la víctima y el observador, y la variable sexo. Estudio realizado a 1433 estudiantes de 10 a 18 años de Valladolid.
Síndic de Greuges de la Generalitat de Catalunya (2006)	No se trata de ningún estudio estadístico sino de un conjunto de reflexiones y de recomendaciones del Síndic de Greuges para afrontar los conflictos en la escuela y encontrar métodos para resolverlos.
Síndic de Greuges de la Comunidad Valenciana (2007)	Investigación realizada a través de un cuestionario dirigido a alumnos (6065 de ciclo superior de primaria y ESO), profesorado, familias y directivos de centros que analizaba el clima de convivencia en la escuela, el tipo de conflictos, sus causas, posibles soluciones y los factores de riesgo y protección.

28 % de los estudiantes reconoce haber participado en peleas, 71 % dice haber sido agredido verbalmente, y 18 % asegura haber visto a un compañero portando armas.

Por otra parte en Ecuador, según Maluf, Cevallos y Córdova (2003) 26 % de los niños de 6 y 10 años reconocen haber participado en peleas. García y Madriaza (2005) describen que en la actualidad en Chile se están haciendo estudios relevantes de corte cualitativo[8] sobre la tesis cultural de la violencia escolar. En Perú, según Ccoicca (2010) se ha vivido una década marcada por el terror y el dolor, acentuado por las crisis económicas y políticas de la década de 1980, que de alguna manera han dejado huella en los habitantes que en ese entonces eran niños, adolescentes y que hoy son padres de familia. El propio autor describe que los resultados encontrados evidencian la existencia de 58.3 % de bullying en la muestra estudiada y son consistentes con la literatura, de donde surgen diferentes formas de bullying. En tal sentido Oliveros y Barrientos (2007) reportaron un índice de 54.7 % de acoso escolar en un colegio de Lima, encontrando además la existencia de 47 % de acoso escolar en los colegios de Lima Metropolitana y en algunas provincias. En esta misma línea también DEVIDA (2007) informó sobre 47 % de acoso escolar en todos los colegios del Perú, siendo así la violencia y el maltrato entre los escolares una modalidad común en dicho sistema educativo.

Felip (2007) subraya –a partir de sus hallazgos en Guatemala– que se debe poner atención a las siguientes correlaciones que se desprenden de la intimidación: el maltrato físico directo y la exclusión social, los cuales representan los dos tipos de acoso que se encuentran más en la educación primaria, mientras que disminuyen en la educación secundaria; el maltrato verbal, contrariamente al maltrato físico, aumenta en porcentaje en la educación secundaria; el maltrato verbal es el tipo de maltrato más extendido en cualquiera de las etapas educativas. En la mayor parte de los estudios analizados, la suma del porcentaje de todas las otras clases de maltrato es inferior al de tipo verbal; respecto a la procedencia de los maltratadores, en todas las etapas educativas analizadas por el propio autor, la mayoría provienen del aula de la persona maltratada, mientras que queda en un segundo término los provenientes tanto de otra aula del mismo curso, como

---

[8] Las investigaciones mencionadas destacan que los agresores son insensibles al dolor ajeno y presentan bajo rendimiento académico, ausencia de sentimientos de culpa y muchos de ellos requieren ayuda psicológica o psiquiátrica, y un porcentaje de ellos probablemente desarrolle en la vida adulta conductas antisociales, delictivas o psicopáticas (Ccoicca, 2010).

de otros cursos y, por supuesto, de otras escuelas; en cuanto al género destaca el autor que los niños producen más situaciones de acoso que las niñas, tanto individualmente como a nivel de grupo; en cuanto al tipo de acoso, en los niños se encontraron más casos de acoso de tipo físico, tanto directo como indirecto; en el apartado femenino, el tipo de acoso más elevado es la exclusión social, mientras que el acoso de tipo físico arrojó porcentajes muy bajos; en cuanto a la edad de mayor incidencia del acoso, encontró que el momento máximo está en el primer ciclo de la educación secundaria obligatoria y también en el último curso de la educación primaria (Felip, 2007).

Ortega (2005) expone a manera de síntesis que dentro de las investigaciones en Latinoamérica se encuentran los trabajos de Ohsako (1999), quien a partir de una revisión sobre los estudios de violencia escolar realizados en naciones en vías de desarrollo concluyó, con la escasa información que hay sobre este problema y, en algunos casos, que los resultados con los que se cuenta no son del todo fiables. En el mismo sentido apunta Ortega (2003) que la mayoría de los trabajos en Sudamérica se han centrado en el análisis de las *maras*[9] y la violencia en el interior de grupos y bandas juveniles con conductas delictivas (Santacruz y Concha-Eastman, 2002) y, cuando han profundizado en el ámbito escolar, los índices de abuso de adultos hacia los jóvenes han resultado escalofriantes (Santacruz y Portillo, 2002; Sacayón, 2003).

ESTUDIOS EN MÉXICO

En el caso de México, de manera particular, las investigaciones relacionadas con la violencia escolar son escasas y carentes de contundencia. Castillo y Pacheco (2008) señalan en este sentido, que no existen datos claros de los alcances del problema, lo que se sabe es lo generado por la propia experiencia, o dicho de otra manera, lo que se vivió en la propia adolescencia: los apodos, los golpes, las burlas reiteradas, las vejaciones y los actos de intimidación en los ambientes escolares, particularmente en secundaria. Tratos que los propios

[9] En algunos países como El Salvador, Honduras y Guatemala, se utiliza el término *mara* como sinónimo de pandilla (de *panda*, reunión de gentes, derivado del latín *pandus*, es un grupo de personas que sienten una relación cercana, o íntima e intensa entre ellos, por lo cual suelen tener una amistad o interacción cercana con ideales o filosofía común entre los miembros). En la actualidad han estado asociadas a distintas acciones violentas contra otras personas, se destacan por representar organizaciones delictivas o con cierta afiliación criminal.

autores indican se perciben tan "normales" que pareciera que los jóvenes debieran acostumbrarse a ello, aceptarlo o afrontarlo como parte de la vida. Sin embargo, plantean que existen esfuerzos intelectuales que están sugiriendo el debate y la reflexión, en materia de las implicaciones del bullying y los aspectos o variables que deben representar las nuevas líneas de investigación.

Gómez (2005), bajo esta dirección,[10] considera que la violencia no únicamente se presenta como un acto relacional entre individuos, sino que se manifiesta desde la lógica normativa de las instituciones donde se lleva a cabo; directriz que debe de incluirse en cualquier discusión del fenómeno. Agrega que la intimidación es un reflejo de las mismas relaciones que se dan en las instituciones sociales como pueden ser la familia, la sociedad, la cultura y los medios de comunicación. Sostiene además que uno de los rasgos distintivos del fenómeno del bullying es que no hay quien lo atienda; ni los padres, ni los maestros, ni las autoridades escolares están dispuestos a ofrecer alguna solución a la violencia que ocurre entre compañeros, lo que conduce al joven a un estado de desesperanza que, en el mejor de los casos, puede abandonar la escuela, y en el peor de ellos, convertirse en tragedias.[11]

Prieto, Carrillo y Jiménez (2005) argumentan que pese a los estudios efectuados en México, caracterizados por la exploración de ciertos factores familiares, escolares y sociales sobre los contextos educativos, aún no alcanzan una debida profundidad en el estudio de la intimidación que permita la adecuada intervención, lo cual fundamenta la necesidad de generar algún programa preventivo, estimulando con ello, en mayor medida, los estudios de corte multidisciplinario sobre esas y otras variables, logrando así desarrollar una conciencia sobre el fenómeno entre estudiantes de nivel básico y medio superior (bachillerato) (Castillo y Pacheco, 2008).

Smith (2003) plantea en relación con las visiones multidisciplinarias sobre un fenómeno, que éstas aportan tanto ventajas como desventajas para el conocimiento sobre su naturaleza e incidencia. El propio autor señala que la información proveniente de diversas

---

[10] Derivado de sus acercamientos de corte etnográfico en secundarias públicas de la Ciudad de México y en contraste con información recabada en otros estados de la República.

[11] La tragedia ocurrida en abril de 1999, del Columbine Hihg School en Colorado (EUA), en la cual dos jóvenes de 15 años se suicidaron después de asesinar a 15 de sus compañeros y compañeras de colegio; y el suicidio en 2004 en Hondarribia (España) de un joven de 14 años; en los dos dramáticos casos se pudo comprobar que habían sido, durante años, víctimas de comportamientos agresivos por parte de sus compañeros y compañeras de clase (Paredes, Álvarez, Lega y Vernon, 2001).

disciplinas como la psicología, criminología, sociología, trabajo social, etc., va enriqueciendo la comprensión global del fenómeno; sin embargo, tiene el inconveniente de dificultar el análisis comparativo entre unas investigaciones y otras, debido a las diversas concepciones y metodologías utilizadas. Por esta razón, se trata de una dificultad que afecta incluso a la definición del problema de la violencia escolar, que presenta cierta ambigüedad conceptual, donde es necesario establecer el orden disciplinar desde el que se estará contextualizando (Ortega, 2005).

Belinco (2006) señala que existen dos dificultades iniciales que se le presentan al investigador al trabajar sobre este fenómeno. Uno está referido a su complejidad como hecho social, que requiere de un tratamiento interdisciplinario muchas veces enunciado pero en pocas ocasiones llevado a cabo. Sus causas son múltiples y se identifican con un gran número de factores que van desde el desarrollo psicofísico del individuo hasta la estructura económica, social y política de las sociedades. Esto torna más complejo cualquier intento de diagnóstico. Otra dificultad, también de alguna manera epistemológica, tiene que ver con el problema de la definición: ¿a qué se le llama violencia escolar? Es importante distinguir la violencia del conjunto de hechos comúnmente denominados "faltas de conducta" o "indisciplinas". Estos son hechos que suelen perturbar el normal funcionamiento de las escuelas y, por eso, adquieren rápidamente su relevancia en el seno de las mismas. Pero es importante aclarar que para que se pueda hablar de violencia es necesario que haya una agresión, física o verbal, de un alumno o grupo de alumnos hacia otro de sus pares o grupo de pares (golpes, insultos, amenazas, bullying, vandalismo, violación, uso de armas, etc.).

Toda situación de violencia escolar según Belinco (2006) puede visualizarse en tres ejes, desde los cuales se ingresa al análisis y a la búsqueda de causas. Estos ejes son las relaciones interpersonales, las relaciones del individuo con su grupo familiar y las relaciones escolares propiamente dichas. El autor señala que cada vez que la violencia aparece, se deben identificar elementos perturbadores en cada uno de estos ejes, que interactúan en forma permanente y que sólo son distinguibles e identificables por la actividad del analista. Hecha esta observación, se puede dar inicio al aspecto más controvertido: las causas del fenómeno.

En tal sentido, una vez establecido el postulado rector se puede incorporar el pertinente instrumental de medición o registro, por ejemplo, en trabajos de carácter médico, centrados en las posibles correlaciones orgánicas de la agresividad (Seguin, Assand, Nagin y Tremblay, 2004), se han utilizado estudios de casos, observaciones de carácter etnográfico (Mahady, Craig y Pepler, 2000), análisis basados en autoinformes (Ortega y Mora-Merchán, 2000; Del Rey, 2002; Whitney y Smith, 1993) e inclusive indagaciones fundamentadas en cuestionarios de nominación entre pares (Salmivalli, Huttunen y Lagerspetz, 1997; Sutton y Smith, 1999). Instrumentos de recolección que han permitido la apropiada compilación de información y, por consecuencia, el análisis correspondiente, todo ello sin deslindarse de las discusiones teóricas que posibilitarán la interpretación y presentación de los resultados encontrados (Ortega, 2005).

DISCUSIONES TEÓRICAS DE LA ANTISOCIALIDAD Y EL BULLYING

A lo largo de los años se han planteado diversas teorías explicativas sobre la violencia humana, la agresividad y las conductas antisociales, donde se intenta dar respuesta a la violencia que se genera entre pares o bullying (Ccoicca, 2010). En este sentido, Acevedo (2011) expone que se han desarrollado a lo largo de la historia determinados modelos y perspectivas teóricas que han agrupado una serie de explicaciones sobre la agresividad en los sujetos, como pueden ser: *las teorías psicopatológicas* (teoría psicoanalítica de Freud, 1930); *teorías biológicas* (la tesis clásica de Lombroso, 1911; ley de saturación criminal de Ferri, 1928; trabajos como el de Lange, 1929; teoría de Quay, 1977; hipótesis de Eysenck, 1977; la herencia y genética de estudios de última generación de Echeburúa, 2000).

Teoría del aprendizaje social de Bandura (1987); *modelos sociológicos* (teoría de la asociación diferencial de Park, 1925; las perspectivas situacionales, teoría de la anomia y de la tensión, teoría del control o arraigo social propuesta por Hirschi, 1969; la "desviación secundaria" de Lemert, 1972; teoría del autocontrol, Gottfredson y Hirschi, 1990; teorías de la socialización deficiente de Hassemer y Muñoz, 2001; teorías del conflicto y teorías críticas o radicales); *teoría del desarrollo cognitivo-social o moral Piaget* (1932); *modelo ecológico-integrador* (teorías integradoras Farrington, 1986; teoría sobre la ejecución de los procesos familiares coercitivos Patterson, 1976 y 1982) (cuadro 2.2).

Finalmente, Ccoicca (2010) y Daza (2007) consideran importante el buscar explicaciones desde distintos ángulos, debido a que cada uno de los factores (biológicos, personales, familares y cognitivos)[12] que pueden intervenir en la construcción de una personalidad agresiva se deben de atender y explorar en su justa dimensión por los enfoques teóricos apropiados, en este sentido, los mismos autores postulan que en materia de la explicación del bullying se encuentran en la actualidad vigentes las discusiones derivadas de las teorías del condicionamiento clásico y operante de Pavlov (1972); teoría del aprendizaje social de Bandura (1987); teoría de la frustración-agresión y teorías sociológicas de la agresión de Dollard y Miller (1950); teoría psicoanalítica de Freud (1930) (cuadro 2.3); teoría etológica de la agresión de Tinbergen (1951); teoría biológica; teoría de las habilidades sociales; teoría mimética de Rogers y Kutnick (1992), Báez y Jiménez (1994); las teorías neoevolucionistas de Pellegrini y Long (2003); teoría del reconocimiento de García y Madriaza (2004); teorías contextuales o ecológicas de Bronfenbrenner (1979); estilos de crianza de Baldry y Farrington (1998) y Ahmed y Braithwaite (2004); teoría del apego de Bowlby (1964); los esquemas de relación familiar; teoría del manejo de la culpa de Olweus (1993); teoría cognitivo-contextual de Grych y Fincham (1990); y teoría de los sistemas familiares de Olweus (1993), Rigby (2000) y, García y Martínez (2001) (cuadro 2.3).

---

[12] *Factores biológicos*, elementos como la edad, el nivel de activación hormonal (con mayor incidencia en varones que en mujeres); los *factores personales*, como las dimensiones de la personalidad con cierta propensión a la violencia; los *factores familiares*, como son los patrones de crianza y los modelos de interacción familiar; los *factores sociales*, especialmente los relativos a los roles asociados a cada individuo dentro del grupo; los *factores cognitivos*, las experiencias de aislamiento social vividas; así como otros factores ambientales, como la exposición repetida a la violencia en los medios de comunicación y juegos electrónicos.

Cuadro 2.2. Principales hallazgos de las teorías sobre las conductas antisociales.

Modelo o perspectiva teórica	Subcategoría	Hallazgos
Teorías psicopatológicas	Teoría psicoanalítica de Freud (1930)	Los estudios se centran en la interacción padres e hijos, así como en el comportamiento de los miembros de la familia; comportamientos que contribuyen a los problemas de los pacientes. Los postulados claves de las teorías psicoanalíticas que han contribuido al estudio de dicho trastorno son los siguientes: • Importancia de las relaciones familiares y de la crianza durante los primeros años. • Función central de los factores inconscientes intrapsíquicos. • Consideración de la conducta antisocial como el resultado de un desarrollo defectuoso de la personalidad. • Consideración de la conducta antisocial como el resultado o como la consecuencia de un *acting-out* de los conflictos neuróticos intrapsíquicos. • Naturaleza inconsciente de los procesos que determinan las actividades mentales, con el resultado de que algunos actos delictivos tienen un significado simbólico que reflejan estos procesos intrapsíquicos.
Teorías biológicas	La tesis clásica de Lombroso (1911)	Basa sus estudios biológicos y antropomórficos realizados con presidiarios, en la que expone que el delincuente era una especie de ser atávico –un ser reproductor de ciertas semejanzas de sus antepasados– que reproduce en su persona los instintos feroces de la humanidad primitiva y los animales inferiores, marcado por una serie de anomalías cerebrales y corporales (mandíbula prominente, pómulos anchos, orejas grandes, etc.).
	Ley de saturación criminal de Ferri (1928)	Establece que el nivel de criminalidad viene determinado cada año por las diferentes condiciones del medio físico y social, combinado con las tendencias congénitas y con los impulsos ocasionales de los individuos.

Cuadro 2.2. (*Continuación.*)

Modelo o perspectiva teórica	Subcategoría	Hallazgos
Teorías biológicas	Trabajos como el de Lange (1929)	Expone cierta concordancia en la criminalidad de gemelos monocigóticos y los dicigóticos; bajo esta línea sobresale el estudio realizado a 3 568 pares de daneses nacidos entre 1881 y 1910; se encontró que 52 % de los gemelos idénticos (monocigóticos) tenían el mismo grado de conducta delictiva registrada, mientras que sólo 22 % de los gemelos dicigóticos alcanzaban similares grados de delincuencia. *Las causas genéticas y ambientales.* A partir de sus hallazgos exponen sus argumentos que señalan un incremento significativo de la criminalidad en jóvenes adoptados que tenían madres biológicas criminales, resultado que está estrechamente ligado a la influencia genética aparece menos en los estudios de hijos adoptivos que en los de gemelos, apoyando a la genética en la génesis de la conducta antisocial.
	Teoría de Quay (1977)	Se centra en la psicopatía como *conducta buscadora de estimulación.* Los adolescentes que finalmente manifiestan conducta psicopática han nacido con un sistema nervioso, cortical y/o autonómico, que es hiporreactivo a la estimulación. Esta teoría desarrolla el concepto de Búsqueda de Sensaciones (BS), así como otras dimensiones de personalidad, como el sustrato biológico, sus correlatos sociodemográficos, actitudinales y comportamentales.

Hipótesis de Eysenck (1977)	Las hipótesis de Eysenck (1977) sugieren que la conducta antisocial, criminal y psicopática está relacionada con atribuciones de personalidad determinadas genéticamente. Las hipótesis abordan el neuroticismo y el psicoticismo del sujeto, elementos asociados a la implicación en conducta antisocial. De igual manera, las hipótesis hacen énfasis en el cuerpo de evidencia empírica respecto a la implicación de los niveles de activación cortical y responsividad simpática en los problemas de procesamiento de la estimulación sensorial y en el fracaso de los episodios de condicionamiento.

La propuesta pretende determinar si la herencia es una parte importante en la inducción al crimen, buscó similitudes en los comportamientos de individuos genéticamente relacionados unos con otros (propósito del *General Pedigree* or *Family Studies*), encontrándose poco a favor de que existan familias con una herencia genética común y determinadas para el crimen. |
| La herencia y genética de estudios de última generación (Echeburúa, 2000) | *Estudios de cromosomas sexuales.* Parten de la notación cromosómica XY para el hombre y XX para las mujeres, encuentran una excesiva presencia de la anomalía cromosómica XYY. Se supone errónea la creencia popular de unos individuos psicópatas supermasculinos, cuya característica más destacable era su extremada violencia. En cualquier caso, aunque los comportamientos violentos son más claramente numerosos en los individuos XYY en comparación con XY de la misma edad, peso, inteligencia y clase social, sus delitos son triviales. Recogen que la presencia de XYY no causaría directamente la delincuencia, sino que junto a otros factores incrementa la posibilidad de ejercer conductas antisociales. |

Cuadro 2.2. (*Continuación.*)

Modelo o perspectiva teórica	Subcategoría	Hallazgos
	Teorías del aprendizaje social (Bandura, 1987)	La teoría del aprendizaje social encuentra su principal exponente en Bandura (1987), quien explica la conducta humana como la interacción recíproca y continua entre los determinantes cognitivos, comportamentales y ambientales. La conducta antisocial desde los principios del aprendizaje social, incide en que el reforzamiento vicario depende de las consecuencias que para el modelo tiene su conducta. Por tanto, las más altas tasas de conducta agresiva se han encontrado en ambientes en que abundan los modelos agresivos y donde la agresividad es altamente valorada, sin soslayar que estos problemas se agudizan cuando dentro de los modelos de agresión se pueden encontrar en la familia y la subcultura y, de forma simbólica en cine y televisión, estando, por tanto, al alcance de los jóvenes. Otros argumentos sobre las teorías del aprendizaje explican el comportamiento delictivo como una conducta aprendida, es decir, conducta derivada de la presencia de un cierto condicionamiento clásico, operante o el aprendizaje vicario.
Modelos sociológicos	Teoría de la asociación diferencial (Park, 1925)	La teoría de la asociación diferencial es propuesta por Sutherland y Cressey (1978), quienes proponen que la conducta delictiva, al igual que cualquier otro comportamiento, se aprende en un proceso de comunicación con otras personas, y dicho proceso de aprendizaje se produce al margen de la influencia de los medios de comunicación (prensa y radio) impersonales; para que un individuo se convierta en delincuente, no basta con que haya estado en contacto con pautas de comportamiento delictivo, sino que es necesario un exceso de dichos contactos en relación con los no delictivos.

	Las perspectivas situacionales	Tratan de explicar el comportamiento antisocial como producto (causa-efecto) de unas características específicas del ambiente sobre el individuo. Considera a los infractores como víctimas de fuerzas sociales tales como el desempleo, el vecindario; y de fuerzas culturales tales como valores, actitudes y creencias, aceptación de conductas violentas, permisividad ante el abandono prematuro de la escuela, entre otros.
Modelos sociológicos	Teoría de la anomia y de la tensión	Esta teoría analiza los comportamientos antisociales como un problema de comunicación entre el individuo y el ambiente, como una falta de habilidad en la interacción con las personas y con los objetos; la inadaptación puede considerarse una respuesta al conflicto persona/situación que se va manifestando en diversos contextos, configurando así una pauta conductual habitual en el individuo.
	Teoría del control o arraigo social propuesta por Hirschi (1969)	Teoría que plantea que la sociedad se esfuerza en presionar a sus miembros con modelos de conformidad, pero las personas que carecen de vínculos sociales están predispuestas a delinquir, en comparación con aquellas que tienen gran arraigo social. La familia y la escuela son los dos sistemas convencionales de control social, argumento explicado por la teoría de la tensión o frustración, que sostiene que las relaciones negativas, los estímulos nocivos y los sucesos vitales estresantes pueden desencadenar furia y frustración hasta llegar al punto del crimen o la delincuencia. Se observan tres tipos de frustración: 1. como consecuencia de un fallo en el logro de metas se produce una gran tensión; 2. como resultado del rechazo o la eliminación de logros positivos anteriormente alcanzados; 3. producida por la exposición a estímulos negativos (ser ridiculizado por los compañeros).

Cuadro 2.2. (*Continuación.*)

Modelo o perspectiva teórica	Subcategoría	Hallazgos
Modelos sociológicos	La "desviación secundaria" (Lemert, 1972)	La "desviación secundaria" se refiere a una clase especial de respuestas socialmente definidas que la gente da a los problemas creados por las reacciones de la sociedad a su desviación. En esta teoría se postula que la visión de una persona sobre sí misma está influida por la reacción de los otros; que una etiqueta estigmatizadora de "delincuente" la proporciona un proceso legal; que este etiquetaje afecta de forma aversiva la autoimagen de la persona así etiquetada, y que, como consecuencia de ello, la persona etiquetada a continuación es más propensa a enredarse en actividades delictivas.
	Teoría del autocontrol (Gottfredson y Hirschi, 1990)	Exponen que la mejor manera para que la gente se resista a cometer delitos y a renunciar a las satisfacciones inmediatas es tener autocontrol; éste se define como un rasgo individual que explica las variaciones en la probabilidad de ser atraídos por semejantes actos, agregando que cuando el camino hacia la delincuencia se inicia a edades tempranas, depende de cómo haya sido inculcado por los padres en los primeros años de la niñez.
	Teorías de la socialización deficiente (Hassemer y Muñoz, 2001)	Determinan que dentro de los factores presentes de la socialización deficiente se encuentran: la toma de conciencia de las personas acerca de las desigualdades sociales, que da lugar a sentimientos de injusticia y resentimiento, lo cual puede contribuir al delito en la clase pobre urbana; existen ciertas zonas del contexto urbano que arrojan delincuentes, sobre todo la zona de transición donde había grandes problemas de integración; la mayoría de los menores delincuentes residen en un sector urbano particular (zona delincuencial con deterioro físico, superpoblación, proximidad a zonas industriales, etc.) que propiciaba actitudes a favor del delito mantenidas por la comunidad social, el vecindario y la familia.

Teorías del conflicto	Para esta teoría, la delincuencia se desencadena impulsada por las contradicciones internas de las modernas sociedades, cultivadoras decididas de los valores del *tener* sobre los del *ser*, abiertas a la opulencia y receptivas de grandes bolsas de pobreza y hasta de miseria. Estas sociedades son propicias, en efecto, para engendrar frustración, resentimiento, agresividad, anomia, pasotismo; todos ellos ingredientes de delincuencia (agresiones, delitos contra la propiedad, tráfico ilícito de drogas, entre otros).
Teorías críticas o radicales	La visión que estas teorías tienen de la delincuencia obedece al planteamiento de que la concepción y percepción de la delincuencia como un vasto etiquetamiento adherido a las clases bajas de la sociedad y elaborado por aquellos que poseen el control formal e informal, político, social, económico y jurídico de la misma. La delincuencia sería, por ello, algo definitorio y no algo ontológico. No algo auténtico y real, sino algo artificial.
Teoría del desarrollo cognitivo-social o moral (Piaget, 1932)	El desarrollo cognitivo expone que los niños comienzan a aprender las reglas morales de los adultos, distinguiendo en primer lugar, un periodo temprano de auto-centrado (periodo egocéntrico), seguido de dos etapas: *a)* realismo moral, donde el juicio moral del niño no está dominado por los adultos y lo bueno es referido en términos de obediencia a los roles paternos, evaluando sus actos en relación con la exacta conformidad de las reglas establecidas (normas externas); así como, *b)* relativismo moral donde existe cooperación, reciprocidad y autonomía moral.
Modelo ecológico-integrador	Según este planteamiento teórico los delitos se realizan mediante procesos de interacción entre el individuo y el ambiente, los cuales se dividen en cuatro etapas:

Teorías integradoras (Farrington, 1986)

1. En la primera se sugiere que la motivación o el deseo de bienes materiales, de prestigio social y de búsqueda de excitación producen actos delictivos.
2. En la segunda se busca el método legal e ilegal de satisfacer los deseos. La relativa incapacidad de los jóvenes pobres para alcanzar metas u objetivos mediante métodos legítimos puede ser, en parte, porque tienden a faltar a la escuela y, por tanto, encuentran empleos de bajo nivel.

Cuadro 2.2. (Continuación.)

Modelo o perspectiva teórica	Subcategoría	Hallazgos
	Teorías integradoras (Farrington, 1986)	3. En la tercera la motivación para cometer actos delictivos se magnifica o disminuye por las creencias y actitudes interiorizadas sobre el significado de infringir las leyes, desarrolladas a partir de la historia de refuerzos y castigos. 4. La cuarta supone que los factores situacionales (costo-beneficio) serán los que lleven a cometer los delitos.
Modelo ecológico-integrador	Teoría sobre la ejecución de los procesos familiares coercitivos (Patterson, 1976 y 1982)	Postura teórica –basada en los enfoques sistémico y ecológico– que ha proporcionado uno de los pilares más robustos sobre los que se asienta el análisis y la intervención sobre la génesis y manifestación de comportamientos antisociales, así como para diseñar modelos de intervención psicoterapéutica y psicoeducativa. En la última década, Patterson y sus colegas del Centro de Oregon del Aprendizaje Social iniciaron un programa con detallados análisis microsociales de las secuencias observadas sobre las interacciones familiares naturales en el propio hogar. El resultado ha sido lo que se ha llamado una "teoría sobre la ejecución" de los procesos familiares coercitivos. Los aspectos más importantes de su aproximación son los análisis cuidadosos momento a momento de cómo la disciplina de los padres y de las madres realmente actúa en las familias de los niños agresivos y delincuentes, y la conjunción de estos análisis moleculares con los aspectos más molares del funcionamiento familiar.

FUENTE: Acevedo (2011).

Cuadro 2.3. Discusiones teóricas sobre la presencia del bullying.

Teoría	Características
Teorías del condicionamiento clásico y operante (Pavlov, 1972).	Las teorías conductistas exponen que la conducta agresiva se aprende por condicionamiento clásico (asociación de un estímulo con otro que provoca la agresión intrínsecamente) y por condicionamiento operante (recompensas de la conducta agresiva aumentan la probabilidad de su aparición).
Teoría del aprendizaje social (Bandura, 1987)	Las teorías del aprendizaje social proponen que el comportamiento agresivo es el resultado del aprendizaje por imitación de modelos violentos, dichos modelos son aprendidos de los padres, entendidos tales modelajes como esquemas y reforzadores del comportamiento. Un ejemplo conocido derivado de esta teoría es el modelo de parentalidad coercitiva de Patterson (1989) que establece: Que los padres modelan e inconscientemente refuerzan los comportamientos agresivos de sus hijos cuando responden sin coherencia a sus demandas, cuando se niegan inicialmente a aceptarlas pero lo hacen finalmente, por exasperación ante la insistencia de sus hijos; así se crea un ciclo coercitivo de parentalidad. Diversas investigaciones sobre dicha teoría concluyen que los predictores más importantes de la agresividad infantil son: sufrir castigo físico severo, tener falta de cariño y ser educado con prácticas disciplinarias poco coherentes.
Teorías sociológicas de la agresión (Dollard y Miller, 1950)	Según esta teoría la causa determinante de la violencia y de cualquier otro hecho social no está en los estados de conciencia individual, sino en los hechos sociales que la preceden. De este modo, las teorías sociológicas atribuyen la conducta violenta y agresiva especialmente a variables ambientales, variables del contexto social en el que el ser humano vive. El grupo social es una multitud que, para aliviar la amenaza del estrés extremo, arrastra con fuerza a sus miembros individuales, denominándose violencia social, y ésta puede ser de dos tipos: individual, es fácilmente predecible, sobre todo cuando los objetivos son de tipo material; e individualista, o bien grupal. Esta última no se puede predecir tomando como base el patrón educacional recibido por los sujetos, sino que se predice por el referente comportamental o sujeto colectivo, el llamado "otro generalizado", al que respetan más que a sí mismos y hacia el cual dirigen todas sus acciones. Dollard y Miller (1939) de manera puntual exponen la teoría de la frustración-agresión, la cual postula que la agresión es una reacción conductual motivada por la frustración; que esta última puede ser un importante motivación para la agresión. La no satisfacción de las necesidades básicas, así como la frustración incontrolada por los deseos o necesidades no básicas, lleva a desarrollar conductas agresivas y violentas.

Cuadro 2.3. (*Continuación.*)

Teoría	Características
Teoría psicoanalítica (Freud, 1930)	Dicha teoría expone que las pulsiones agresivas son innatas y forman parte de la estructura psíquica del hombre. La agresividad es definida como una tendencia o conjunto de tendencias que se actualizan y traducen en conductas reales o de la fantasía, dirigidas a dañar a otro, a destruirlo, a contrariarlo, a humillarlo. La agresión es una de las más importantes manifestaciones de la pulsión de muerte: según esta teoría, el individuo porta dentro de sí energía suficiente para destruir a su semejante y a sí mismo.
Teoría etológica de la agresión (Tinbergen, 1951)	Surge de los etólogos y de las teorías psicoanalíticas. En dicha postura teórica se entiende a la agresión como una reacción impulsiva e innata, relegada a nivel inconsciente y no asociada a ningún placer. Las teorías psicoanalíticas hablan de agresión activa (deseo de herir o de dominar) y de pasividad (deseo de ser dominado, herido o destruido). No pueden explicar los fines específicos del impulso agresivo, pero sí distinguen distintos grados de descarga o tensión agresiva. La etología de la agresión estudia el comportamiento de los animales en su ambiente natural, mediante la observación, el territorio, preservación y mantenimiento del territorio; la jerarquía (el macho marca con gestos agresivos quién es el que manda en el grupo, también organiza la vida de ese grupo de animales, dando prioridades); la selección elije los diferentes miembros de la especie. Los más fuertes y los más preparados son los que sobreviven; el control de la agresividad. Existe un control de la agresividad que es diferente a la del hombre. Los machos se pelean, pero rara vez llegan a matarse; el macho que pierde se muestra perdedor, en lo que se llama el ritual de apaciguamiento; en el caso de los lobos, el macho perdedor se tiende en el suelo y le muestra al otro el cuello, dejando su yugular al descubierto y dejando su vida a merced del macho dominante.
	Las teorías biologicistas explican la agresividad desde las deficiencias genéticas (cromosomas), hormonales (testosterona) y de los neurotrasmisores (serotonina). Desde la explicación genética, la agresividad se atribuye a la presencia extra de un cromosoma Y. Otra explicación se relaciona con las hormonas (andrógenos, estrógenos, etc.), asociando especialmente la agresividad con los niveles de testosterona. Por tanto, la agresividad se desencadena por una serie de procesos bioquímicos que se desarrollan en el

Teoría biológica	interior del organismo y en el que las hormonas desempeñan una función decisiva, habiendo individuos que producen de forma natural una segregación excesiva de ciertas hormonas relacionadas con la agresividad. Y en tercer lugar, se destaca el papel mediador de los neurotrasmisores en la actividad agresiva, especialmente la serotonina. Los procesos bioquímicos, neuronales y hormonales son fundamentales en las conductas agresivas, pero también en todo el comportamiento humano y en la vida misma; dichos procesos son reacciones del propio organismo ante los estímulos.
Teoría de las habilidades sociales	Esta teoría considera que muchos de los problemas de relaciones sociales, donde se engloba la violencia entre iguales, proviene de un déficit de las competencias sociales apropiadas, fundamentalmente para la interpretación correcta de señales sociales. Las investigaciones desplegadas bajo dicho enfoque descubren que las habilidades sociales son distintas en los agresores y en las víctimas.
La teoría mimética (Rogers y Kutnick, 1992; Báez y Jiménez, 1994)	Según esta teoría, las relaciones humanas son conflictivas y violentas; la tranquilidad es momentánea. El deseo está en la base de esas relaciones y es de carácter mimético, esto es, la imitación del deseo del otro, copiar el deseo del otro por un objeto y se lucha por ese objeto deseado que puede ser real (una persona, una cosa, un territorio, etc.) o de una categoría metafísica (el orgullo, el prestigio, el honor, por una mirada mal interpretada, por un nombre, una idea, una bandera, un símbolo o ¡por nada!). Según esta teoría, las relaciones humanas, de por sí, son conflictivas o violentas a causa del deseo y sólo ocasionalmente son tranquilas o no violentas. Las teorías de la socialización plantean la relación entre pares como el modo y medio en que se abandona el egocentrismo, se disciplina el individuo en función de la convivencia, se establece la pertenencia y se da paso a las relaciones de cooperación y reciprocidad, de rivalidad y competencia. En estos modelos, la división entre víctima y agresor aparece como fundamental. Justamente es ahí donde se perpetuarían los círculos asimétricos de maltrato y poder. Las víctimas son claramente definibles por su situación desventajosa, y los agresores por el poder que ostentan y evitan perder. La violencia funciona con base en un sometimiento efectivo, donde el agresor oculta las necesidades y sufrimientos de la víctima.

Cuadro 2.3. (*Continuación.*)

Teoría	Características
Teorías neoevolucionistas (Pellegrini y Long, 2003)	Dichas teorías exponen que la acentuación de la violencia en la temprana adolescencia estaría marcada por patrones evolutivos propios de la especie, como un modo de llamar la atención del sexo opuesto. De esta forma, es posible entender las diferencias en el modo de actuar de hombres y mujeres en relación con la violencia en sus escuelas. Los hombres, al igual que cualquier mamífero macho, tienden a utilizar un tipo de violencia más expresiva, demostrar su capacidad de dominar a los rivales y mostrarse, por tanto, claramente superior. Es así como su violencia tiende a ser más física. Los estudiantes dominantes tienden a ser considerados más atractivos que aquellos que no lo son, y al mismo tiempo, son considerados más populares. Generalmente son líderes en sus grupos. Las mujeres tenderían a reunirse con estos machos con mayor estatus dentro del grupo. Las mujeres, por el contrario, no utilizan la dominancia en sus relaciones, prefieren una estrategia más indirecta. En vez de mostrarse mejor que las otras, su conducta se caracteriza por agresiones psicológicas, como el rumor mal intencionado o la exclusión social. De esta forma, el objetivo es manchar la reputación de sus rivales, haciéndolas ver como incapaces de relacionarse con los estudiantes más populares. Según este modelo, estas conductas se exacerbarían en la temprana adolescencia, cuando los jóvenes se ven sobrepasados por la incipiente sexualidad. Luego de ello, esta preeminencia decaería con el proceso maduracional.
Teoría del reconocimiento (García y Madriaza, 2004)	Esta teoría trata de explicar el surgimiento de violencia entre estudiantes como un modo de conformación de grupos que se identifican y socioculturales particulares. La violencia en este caso no estaría supeditada a un lugar de exclusión de lo social, sino se imbricaría directamente en ello, en tanto la violencia misma sería un modo de estructurar el tejido social. La violencia –en grupos recién conformados– permitiría articular un espacio desorganizado y desconocido. Según este modelo en el mismo hecho de violentarse crean y recrean códigos y legalidades subterráneas, que difícilmente pueden lograr traducción en otro registro. De esta forma, la violencia en las escuelas va tejiendo gran parte de un tejido inexistente, pero socialmente válido y culturalmente novedoso. Esta conformación de lo social a través de la violencia surge a través de tres tiempos:

Teoría del reconocimiento (García y Madriaza, 2004)	**a)** *La violencia opera como una búsqueda de conocimiento.* Este es el plano dual e inicial de las relaciones sociales violentas en la escuela, en el mismo acto de la violencia emerge de cierto conocimiento acerca del otro que intenta responder a la interrogante acerca de quién soy yo y quién es el otro. Un golpe en este caso no sólo es señal de daño al otro, sino que también adquiere la cualidad significante de cierto saber, que no podría ser descubierto sino en el mismo hecho de la violencia. Así, por ejemplo, es propio de grupos que se están recién conformando o de la llegada de un nuevo integrante, el cual es rápidamente agredido como un modo de saber o conocer quién es, si es alguien que se va "a quedar" y no va a devolver el golpe, o alguien al cual se le puede respetar porque se va defender. **b)** *La violencia como búsqueda de reconocimiento.* Este tiempo ubica directamente en lo social, al incluir la posibilidad de un tercero dentro de las relaciones violentas. En este caso cada acto violento es sustentado por un supuesto testigo (que puede estar o no estar presente) que tendría cierto conocimiento del hecho. De esta forma la violencia, ya no es tanto un medio para saber acerca del otro, sino también un acto que se realiza fundamentalmente para ser aceptado y reconocido por el supuesto testigo. Así, la violencia es una pugna por el reconocimiento de este testigo social. En otras palabras, la pelea en la escuela no sólo es un medio de resolver conflictos con un otro, sino que fundamentalmente se hace para que los otros sepan quién gana o quién pierde. De esta forma, desde esta lógica, un acto anónimo –sin que nadie lo sepa– no tiene sentido en la lógica escolar (sólo aplicable a las relaciones simétricas). Se pelea para ser reconocido por el grupo, para ser respetado por ellos, para ocupar un lugar. **c)** *La violencia como jerarquía.* El deseo de reconocimiento es el motor fundamental en esta teoría. Marca el inicio de la violencia como su final. Así como a través de ello se fue tejiendo un espacio social, así también, la disminución en la necesidad de este reconocimiento, marca el camino de su destitución. Todo final del sujeto de la violencia escolar es un final triste, en tanto supone abandonar la identificación al grupo y su unión a él, supone individuarse, desafiliarse del amparo que proveía el grupo.

Cuadro 2.3. (*Continuación.*)

Teoría	Características
Teorías contextuales o ecológicas (Bronfenbrenner, 1979)	Las teorías contextuales o ecológicas consideran que la explicación de los fenómenos sociales debe hacerse desde visiones de mayor integralidad, afirman que el abuso de poder es el resultado de la interacción compleja entre estos y otros factores que surgen de los distintos contextos en que el individuo vive, desde los más próximos, como la familia, la escuela, el grupo de amigos o los medios de comunicación, hasta los más lejanos, como los recursos educativos, culturales y económicos, sin olvidar los valores imperantes en cada cultura sobre las relaciones entre personas, y en particular en el medio escolar, entre compañeros y compañeras.
Estilos de crianza (Baldry y Farrington, 1998; Ahmed y Braithwaite, 2004)	Existen diversas investigaciones que ponen de manifiesto la importancia de los estilos de crianza y la relación entre las conductas de acoso escolar. Se ha descubierto que el estilo autoritativo es el que produce mejores resultados (porque este estilo pone reglas; pero expone razones y negocia). En cuanto a la relación de estos estilos con el acoso escolar, se ha encontrado que el estilo autoritativo predice una mayor implicación en comportamientos de acoso, bien como agresor o como víctima, mientras que el estilo punitivo predice la variante particular de víctima agresiva. Por lo cual, los estilos de crianza están relacionados básicamente a las formas de crianza que se dan dentro de cada familia y las relaciones o estilos familiares son únicas, con una dinámica propia y la forma como se dé la interacción entre sus miembros, y el establecimiento de normas y reglas de convivencia claras estarán implicados directamente en el origen de ciertas conductas agresivas y también conductas de sumisión, y esto dependerá de la capacidad de asimilación por parte de los niños.
La teoría del apego (Bowlby, 1988)	En el presente modelo se explora la relación entre el progenitor y el hijo, considerado esto como el apego. En dicho modelo se propuso que el tipo de apego que se desarrolla entre el cuidador primario y el niño durante los primeros años sienta las bases del modelo de funcionamiento interno (MFI). Este MFI continuará influyendo en el desarrollo futuro del niño y en la conducta que asuma en las relaciones a través de su vida. Por tanto, el desarrollo de un MFI inseguro o disfuncional durante la infancia puede llevar a que el niño tenga dificultades con sus compañeros en el colegio.

Los esquemas de relación familiar	Este esquema se basa en el comportamiento prototípico de los padres y el comportamiento propio del hijo. Algunas combinaciones de progenitor-hijo predicen un esquema de comportamiento agresivo, otras de comportamiento de víctima.
La teoría del manejo de la culpa (Olweus, 1993)	Según esta teoría, el reconocimiento de la culpa juega un papel importante en el mantenimiento de relaciones personales adaptativas; el reconocimiento efectivo, la rectificación y la eliminación de la culpa son los pasos que deben enfatizarse en este aspecto. Por el contrario, el desplazamiento de la responsabilidad es poco adaptativo, puesto que la persistencia de sentimientos debilitadores de culpabilidad puede provocar la externalización de la hostilidad y la búsqueda de un chivo expiatorio. Además la culpa que no es reconocida como tal puede provocar el distanciamiento de los otros y sentimientos de ira. Estas ideas pueden aplicarse a la relación entre el progenitor y el hijo en la familia y a las consecuencias sobre las relaciones con los compañeros. Bajo este esquema las diversas investigaciones demuestran que los acosadores carecen de sentimientos de culpa.
La teoría cognitivo-contextual (Grych y Fincham, 1990)	Según esta teoría, los conflictos entre los padres influyen de dos formas en el comportamiento de sus hijos: *a)* En la naturaleza de la relación entre el progenitor y el niño (por ejemplo, que sea una relación cálida y hostil). *b)* En que la evaluación que realiza el niño del conflicto entre los padres puede implicarle directamente (por ejemplo, puede sentirse culpable).
La teoría de los sistemas familiares (Olweus, 1993; Rigby, 1993)	La ventaja de que goza esta teoría es que estudia a la familia desde un punto de vista holístico. Los teóricos del enfoque del sistema familiar consideran a la familia no sólo como un conjunto de factores (padres-hijos), sino como un sistema, y tienen en cuenta conceptos como el de jerarquía de poder, límites entre subunidades familiares y el papel de chivo expiatorio que pueden asumir determinados miembros de la familia. En

Cuadro 2.3. (*Continuación.*)

Teoría	Características
La teoría de los sistemas familiares (Olweus, 1993; Rigby, 1993)	este modelo se han tomado en cuenta los efectos añadidos que generan los conflictos entre los diferentes pares de la familia (padre-madre, progenitor-hijo, hijo-hijo) y se pueden descubrir los conflictos que surgen en cada uno de estos pares y la manera en cómo contribuirán a incrementar la violencia contra los compañeros en la escuela. Los estudiosos de esta teoría mostraron (en población estadounidense) que el conflicto entre hermanos y las prácticas de parentalidad basadas en el rechazo predecían el comportamiento agresivo en los niños. Asimismo, evaluaron el funcionamiento familiar, basándose en la percepción de una amplia muestra de adolescentes australianos, encontrando que existía una correlación, débil pero significativa, entre acosar a los compañeros en la escuela y tener una familia con un funcionamiento deficitario. Esta correlación se daba más entre los hombres que entre las mujeres, aunque en el caso de ellas, el funcionamiento familiar deficitario correlacionaba con ser víctima de acoso, lo que no ocurría en el caso de ellos.

Otros estudios han demostrado que las prácticas parentales que propiciaban que el hijo se convirtiera en víctima escolar (según afirmaciones de los compañeros) en una muestra de niños de 13 y 16 años en Suecia, permitió identificar que el temperamento débil del niño predecía la sobreprotección por parte de las madres, lo que a su vez predecía la victimización de los hijos. Otra práctica de crianza negativa encontrada era el caso de que el padre tuviera una conducta negativista, lo que predecía la falta de identificación con éste por parte del hijo, circunstancia que a su vez propiciaba la victimización escolar. Cualquiera de estas dos prácticas podían provocar que al niño le faltara asertividad en sus relaciones con otros niños de su edad. Los mismos estudiosos exponen que el niño que más probabilidades tiene de convertirse en víctima es un niño prudente, tranquilo y sensible con una madre sobreprotectora con quien mantiene una relación muy estrecha, o con un padre muy crítico y distante que no constituye un modelo masculino satisfactorio. Concluye dicho modelo que se puede afirmar que los conflictos familiares se refieren a todos los conflictos dentro del sistema familiar: entre padres, entre progenitor e hijo y entre hermanos, y todos parecen actuar aditivamente para predecir la violencia infantil y la agresión. |

FUENTE: Ccoicca (2010) y Daza (2007).

Cultura de la intimidación: creando nuevos oficios

Como se ha planteado con anterioridad el tema de la violencia escolar fue incluido en los escenarios nacionales e internacionales, como uno de los grandes desafíos que deberá enfrentar el establecimiento de una cultura de la paz. Según Abramovay (2004) este tema ha estado rodeado por grandes dificultades, en términos de la formulación de conceptos, explicaciones teóricas y las causas de los actos violentos practicados en el ambiente escolar. Ante esas dificultades conceptuales, Moreno (2004) señala que son seis los tipos o categorías de comportamiento antisocial que deben identificarse en el contexto escolar como, parte de una *cultura de intimidación* que se está gestando en tales escenarios, como lo son: *a*) la disrupción, alteración del orden, en las aulas; *b*) los problemas de disciplina (conflictos entre profesorado y alumnado); *c*) maltrato entre compañeros (*bullying*); *d*) vandalismo y daños materiales; *e*) violencia física (agresiones, extorsiones) y *f*) acoso sexual.

Este autor expone que la *disrupción en las aulas* constituye la preocupación más directa y la fuente de malestar de mayor importancia para los docentes, cuya proyección fuera del salón de clases es mínima; problema que no refleja tanta capacidad de atraer la atención pública como otros comportamientos, como pueden ser las faltas o problemas de disciplina, conductas que en forma de conflictos de relación entre profesores y alumnos ofrecen mayor atención para las autoridades que la alteración del orden en el aula. Estas conductas, según Moreno (2004), implican una mayor o menor dosis de violencia, manifestadas desde una resistencia o el boicot pasivo hasta el desafío y el insulto activo al profesorado.

Por su parte, el maltrato entre compañeros o *bullying*, término inglés que designa los procesos de intimidación y victimización entre iguales, esto es, entre alumnos, compañeros de aula o de centro escolar (Martínez, 2007). Según Martínez (2007) se manifiesta de varias modalidades como pueden ser: de forma física, verbal, psicológica y social. El *bullying* físico se da a través de empujones, patadas, puñetazos, golpes en la nuca, pellizcos, pegar chicles en los compañeros, entre otros; es un tipo de maltrato más frecuente en la escuela primaria que en la secundaria; el *bullying* verbal se expresa por medio de insultos, de motes o apodos; de humillaciones públicas, de burlas acerca de algún defecto real o imaginado, ridiculización, etc.; el *bullying* psicológico está presente en todas las versiones de maltrato, su finalidad es infundir temor a la víctima; finalmente, el *bullying* social busca aislar o desprestigiar a la víctima, debilita o rompe el soporte social del sujeto para que éste quede indefenso. Mientras que al vandalismo y la agresión física las clasifica como fenómenos directos de violencia contra las cosas y contra las personas; en tanto consideran al *acoso sexual* como el *bullying*, un fenómeno o manifestación "oculta" de comportamiento antisocial.

Cabe mencionar que dentro del *bullying* se distinguen las consecuencias, dependiendo del tipo de maltrato que se esté efectuando, de su duración y de la personalidad de la víctima. En cualquier caso es un fenómeno que puede traducirse en fracaso y en inadaptación escolar, en infravaloración, en depresión y en trastornos psicológicos, lo que hace recordar que incluso algunos escolares han intentado el suicidio (Martínez y Gras, 2002). Yubero, Serna y Martínez (2006) analizando algunas variables psicosociales del fracaso escolar (personales, familiares, académicas, relación agresor-víctima) determinan que éste se presenta de acuerdo con la intensidad y frecuencia del *bullying*. En este sentido Osorio (1980) agrega que el comportamiento escolar problemático de los niños es originado por la vivencia de actos violentos en su hogar, pues aprenden que la manera de resolver conflictos es a través de formas agresivas o coercitivas.

Osorio (1980) señala que los niños que sufren maltrato ven afectados su interés por el estudio y presentan bajo rendimiento escolar, pues no encuentran estímulo ni reconocimiento para sus esfuerzos, por lo que muestran indiferencia hacia la escuela y todo lo relacionado con ella, debido a la crítica sistemática y el desprecio del que son víctima; se sienten rechazados por sus padres y pueden proyectar este sentimiento hacia los profesores, así como por el mismo ambiente familiar que generalmente existe en sus hogares, ambiente que tienden a evitar mediante el ausentismo o la vagancia. El autor señala que el efecto del maltrato para el estado emocional del niño es de gran tensión y angustia, lo cual impide una conducta escolar positiva; estos niños generalmente presentan desnutrición; están descuidados; viven en malas condiciones de vivienda, todo lo cual contribuye a que presenten problemas y deficiencias escolares. Destaca que los golpes infligidos a los niños les pueden producir lesiones cerebrales que impiden un desarrollo normal en el ambiente escolar.

Moreno (2004) agrega dos fenómenos comúnmente escolares que también podrían categorizarse como comportamientos antisociales; el primero es el ausentismo,[1] que da lugar a importantes problemas de convivencia en muchos centros escolares; el segundo cabría bajo la denominación de fraude en educación o, si se prefiere de "prácticas ilegales", como pueden ser copiar en los exámenes, plagiar trabajos y otras tareas, ostentar recomendaciones y tráfico de influencias para modificar las calificaciones de los alumnos y, una larga lista de irregularidades que para una buena parte del alumnado hacen del centro escolar una auténtica "escuela de pícaros" (Acevedo, 2011). O en palabras de Frías, López y Díaz (2003), la escuela es el lugar en donde los jóvenes adquieren conocimientos, pero también es el escenario en donde se entrenan para las relaciones sociales y en donde se exponen a las variadas normas, reglas y costumbres de su comunidad, lo que les posibilita el aprender los nuevos oficios de convivencia social o en su extremo las marcadas tendencias antisociales o delictivas.

ANTISOCIALIDAD *vs.* CONDUCTAS DELICTIVAS

El análisis de las conductas antisociales encuentra su origen –sin demeritar los aportes de otras posiciones teóricas– en las discusiones de la *teoría del desarrollo emocional* de Winnicott (1960), quien asevera que toda conducta antisocial es derivada de un trastorno antisocial (TA). Según Winnicott el TA se relaciona y origina con fallas severas

---

[1] Entendido como la costumbre que el sujeto tiene de abandonar el desempeño de funciones y deberes a su cargo por tiempos indeterminados.

vividas por el individuo durante etapas tempranas de su vida provenientes particularmente de la familia.[2] Plantea que al no existir o al no cubrir la familia alguna de las necesidades emocionales, físicas o psíquicas y, como consecuencia, el propio individuo no sabe cómo compensarlas, éste alberga resentimiento y desarrolla expresiones negativas ante su entorno, como pueden ser acciones y actividades delictivas en contra de la armonía social.

Cabe destacar que el término *antisocial* es definido desde la psicología como "una manifestación presente en diversos trastornos de la personalidad, entre los que destaca el de la personalidad antisocial" (Farré, 1999, pág. 43). Pelorosso y Etchevers (2004) explican la conducta antisocial como un trastorno de carácter, que se organiza como estructura de la personalidad defensiva rígida, frente a fallas severas de sometimiento y/o negligencia familiar.

La American Psychiatric Association (2000) en su *Diagnostic and Statistical Manual of Mental Disorders IV* (DSM-IV), señala que el comportamiento antisocial del adulto es un comportamiento que no se debe a un trastorno mental (trastorno disocial, trastorno antisocial de la personalidad, trastorno del control de los impulsos); incluye el comportamiento de ladrones profesionales, chantajistas, traficantes de drogas, entre otros, marcando con ello una diferencia entre las conductas antisociales (aquellas que son con la finalidad de desobeder y transgredir leyes) y los trastornos de la personalidad que pueden contribuir a que el sujeto sea antisocial (aquellos problemas psicológicos que impiden o limitan al sujeto a establecer una adecuada socialización con sus semejantes) (DSM-IV, 2000, pág. 740).

El propio DSM-IV (2000) marca que uno de los criterios para establecer tal diferencia –entre el trastorno antisocial de la personalidad y las conductas antisociales– es que el trastorno disocial o trastorno mental haya comenzado en el individuo antes de los 15 años, representando el rasgo esencial del *Desorden de personalidad antisocial,* "el descuido" para algunas responsabilidades elementales y la violación de los derechos de terceros; actitudes que empiezan en la niñez, continúan en la adolescencia temprana, así como en la madurez. Cabe destacar que en cuanto a los rasgos de un sujeto que se ubique bajo un esquema de conductas antisociales, éste debe de presentar las siguientes condiciones básicas:

---

[2] Entendida como el espacio que cumple la función de proveedor; es imprescindible para no dejar en estado de vulnerabilidad al sujeto frente a sus necesidades emocionales, físicas y psíquicas.

No respetar las normas sociales con respecto a la conducta legal; son frecuentemente engañosos y manipulan para ganancia personal o placer (por ejemplo, para obtener dinero, sexo o poder); cambian repetidamente de nombre, usan alias, hacen trampas, o fingen estar enfermos; tienden a ser irritables y agresivos y pueden entrar repetidamente en la lucha física o pueden cometer actos de ataque físico; despliegan un descuido temerario por la seguridad de ellos u otros; tienden a ser de forma consistente y sumamente irresponsable (irresponsabilidades financieras, endeudamientos, no proporciona apoyo a dependientes); muestra pocos remordimientos para las consecuencias de sus actos (DSM-IV, 2000: 701-703).

La Clasificación Internacional de las Enfermedades (CIE-10) (Moreno, 1992) en su capítulo "Trastornos mentales y del comportamiento" expone que, para poder diagnosticar un trastorno de la personalidad en algún sujeto, éste debe presentar ciertas actitudes y comportamientos marcadamente faltos de armonía que afectan por lo general varios aspectos de su personalidad, por ejemplo: la afectividad; el control de los impulsos; las formas de percibir, de pensar y el estilo de relacionarse con los demás; la forma de comportamiento anormal que sea duradera, de larga evolución y que no se limita a episodios concretos de enfermedad mental; la forma de comportamiento anormal que es generalizada y claramente desadaptativa para un conjunto amplio de situaciones individuales y sociales; las manifestaciones anteriores que aparecen siempre durante la infancia o la adolescencia y persisten en la madurez; el trastorno que conlleva un considerable malestar personal, aunque éste puede también aparecer sólo en etapas avanzadas de su evolución; el trastorno que se acompaña por lo general, aunque no siempre, de un deterioro del rendimiento profesional y social.

Rabazo (1999) agrega que las conductas antisociales se pueden manifestar en una amplia gama de actividades tales como: acciones agresivas, hurtos, vandalismo, piromanía, mentira, ausentismo escolar y huidas de casa. Agrega que en los niños y adolescentes estas conductas se pueden manifestar en agresiones, peleas con golpes e insultos, mentiras, consumo de drogas, desacato de reglas y expectativas sociales importantes; atentan contra el entorno, incluyendo a personas y propiedades. Puntualiza además que en ocasiones la conducta antisocial suele tornarse más gravosa en la medida que el niño o joven empieza a confrontar los sistemas de justicia penal, situación que genera el pasar de una conducta antisocial a una conducta delictiva.

Gimeno (2004) especifica la importancia de distinguir entre las conductas antisociales y las conductas delictivas (cuadro 3.1) que puede manifestar un niño. Identifica las conductas como pelear, robar, mentir, desobedecer, holgazanear y realizar intimidaciones sexuales, entre otros, son relativamente frecuentes en niños normales.

Cuadro 3.1. Conductas antisociales y delictivas.

Conductas antisociales	*Conductas delictivas*	
• Decir palabras fuertes. • Pelear con otro (con golpes, insultos o palabras ofensivas). • Llamar a la puerta de alguien y salir corriendo. • Comer cuando está prohibido, en el trabajo, en la clase, en el cine, etcétera. • Contestar mal a un superior o autoridad (trabajo, clase o calle). • Negarse a hacer las tareas encomendadas (trabajo, casa, o clase). • Gastar bromas pesadas a la gente, como empujarla dentro de un charco, o quitarle la silla cuando va a sentarse. • Tirar basura al suelo (cuando hay cerca una papelera o cubo). • Robar fruta en un jardín o huerto que pertenece a otra persona. • Hacer pintas en lugares prohibidos (pared, encerado, mesa, etc.). • Hacer trampas (en exámenes, competiciones, información de resultados). • Llegar tarde al trabajo, escuela o reunión. • Entrar en un sitio prohibido (jardín privado, casa vacía). • Alborotar o silbar en una reunión, lugar público o de trabajo.	Robo	• Forzar la entrada de un almacén. • Entrar en una tienda que está cerrada, robando, o sin robar. • Robar cosas de los coches. • Planear de antemano entrar en una casa para robar cosas de valor. • Robar una bicicleta de un desconocido y quedarse con ella. • Robar materiales o herramientas de gente que está trabajando. • Robar ropa de un tendedero, o cosas de los bolsillos. • Conseguir dinero amenazando a personas más débiles.
	Agresión	• Pertenecer a una pandilla que arma alboroto, se mete en peleas o crea disturbios. • Robar el coche o la moto de un desconocido. • Llevar algún arma por si hace falta en una pelea. • Forcejear o pelear para escapar de un policía.

• Molestar a personas desconocidas o hacer destrozos en lugares públicos. • Salir sin permiso (del trabajo, de casa o de la escuela). • Ensuciar las calles/aceras rompiendo botellas. • Arrancar o pisotear flores o plantas en un parque o jardín. • Romper o tirar al suelo cosas que son de otra persona.	Consumo	• Tomar drogas. • Gastar frecuentemente en el juego más dinero del que se tiene. • Entrar en un club prohibido o comprar bebidas prohibidas.
	Otras	• Delincuencia. • Dificultades de adaptación en el trabajo. • Problemas graves de pareja. • Trastornos psiquiátricos graves. • Delitos callejeros. • Vandalismo. • Violencia urbana.

FUENTE: Rabazo (1999).

Mientras que las conductas delictivas se presentan cuando la conducta antisocial es extrema, recurrente y persistente, atentan de manera directa y gravosa contra terceros; estos indicadores pueden ser indicios de alguna patología o de trastornos disociales. Por su parte, los trastornos disociales los explica como un patrón de conductas repetitivas y persistentes que conducen a la violación de los derechos básicos de los demás o de las normas sociales básicas apropiadas a la edad del sujeto, indicando que la duración debe ser de al menos seis meses, tiempo suficiente para que aparezca la siguiente sintomatología:[3]

1. Rabietas excepcionales, frecuentes y graves para la edad y el desarrollo del niño.
2. Frecuentes discusiones con los adultos.
3. Desafíos graves y frecuentes a los requerimientos y órdenes de los adultos.
4. A menudo hace cosas para molestar a otras personas de forma aparentemente deliberada.
5. Con frecuencia culpa a otros de sus faltas o de su mala conducta.
6. Es quisquilloso y se molesta fácilmente con los demás.
7. A menudo está enfadado o resentido.
8. Muestra un carácter rencoroso o vengativo.
9. Miente con frecuencia y rompe promesas para obtener beneficios y fa-

[3] Los síntomas 11, 13, 15, 16, 20, 21 y 23 necesitan haber ocurrido tan sólo una vez para que el criterio sea cumplido

vores o para eludir sus obligaciones.

10. Inicia con frecuencia peleas físicas (sin incluir las peleas con los hermanos).

11. Ha usado alguna vez un objeto que puede causar serios daños físicos a otros (bates, ladrillos, botellas rotas, cuchillos, armas de fuego).

12. A menudo permanece fuera de casa por la noche a pesar de la prohibición paterna (y el niño es menor de los 13 años de edad).

13. Muestra crueldad física con otras personas (ata, corta o quema a sus víctimas).

14. Muestra crueldad física con los animales.

15. Destruye de forma deliberada la propiedad ajena (diferente a la provocación de incendios).

16. Provoca incendios deliberados con la intención de causar serios daños.

17. Robo de objetos de un valor significativo sin enfrentarse a la víctima, bien en el hogar o fuera de él (tiendas, en casas ajenas, entre otros).

18. Ausencias reiteradas del colegio (antes de los 13 años).

19. Abandono del hogar al menos en una o dos ocasiones durante más de una noche (a no ser que esté encaminado a evitar abusos físicos o sexuales).

20. Protagoniza cualquier episodio de delito violento o que implique enfrentamiento con la víctima (como los tirones o los asaltos).

21. Forzar a otra persona a tener actividad sexual.

22. Intimidaciones frecuentes a otras personas (infligiendo dolor o daño deliberado).

23. Allanamiento de morada o del vehículo de otros.

En síntesis, se puede destacar que ante la presencia de tales síntomas y según su frecuencia e intensidad, la conducta del sujeto puede ir desde conducta antisocial de menor impacto hasta conducta delictiva de dimensiones extremas, o como lo señala Rabazo (1999), pasar de insultos y gritos a la confrontación con los sistemas de justicia penal, situaciones que no son ajenas a algunos retratos de familia, como los que a continuación se presentan.

Retratos de familia

LA VIDA LOCA DE POVEDA (HISTORIAS DE MARAS)

Ortega (2003) expone que la mayor parte de los trabajos que se realizan en Centroamérica en cuanto a la violencia escolar se han centrado en el análisis de las *maras* y la violencia en el interior de grupos y bandas juveniles con conductas delictivas (Santacruz y Concha-Eastman, 2002). Sin embargo, un documental que rompe con dicha tendencia y ofrece otra mirada del fenómeno, y revela el lado humano de la vida al interior de los grupos y bandas juveniles, es el largometraje *La vida loca*[1] realizado en el 2004 que muestra el material fílmico recabado por Christian Poveda[2] durante los 16 meses que convivió con integrantes de *La Dieciocho*, una pandilla o *clica* que junto con la *MS-13* o *Mara Salvatrucha*[3] constituyen lo

---

[1] Sitio para ver el documental: *http://www.sipeliculas.com/ver_1599_la-vida-loca.html*

[2] El fotógrafo y documentalista franco-español Christian Poveda murió el 2 de septiembre de 2009. Le dispararon a muy corta distancia dos veces en el rostro. No le robaron nada. Estaba solo cuando lo hallaron, tirado a tres metros de su vehículo, junto a la sinuosa carretera que une los municipios de Soyapango y Tonacatepeque, en el área metropolitana de San Salvador. Acababa de salir de una colonia llamada La Campanera. Según los diarios locales su asesinato se atribuye al documental efectuado años antes *La vida loca* (*Contrapunto*, 2009).

[3] *Mara Salvatrucha*, generalmente abreviado como MS, Mara, y MS-13 es una organización transnacional de pandillas criminales asociadas que se originaron en Los Ángeles y se han expandido a otras regiones de Estados Unidos, Canadá, México, América Central (Guatemala,

que se ha denominado el fenómeno Mara. El rodaje tuvo lugar en la comunidad de La Campanera, ubicada en la Zona Centro de San Salvador, El Salvador, donde habita la totalidad de los pandilleros que aparecen en el filme (Cuevas, 2009).

Rasgos del filme

Poveda en su filme comienza por no presentar "más de lo mismo" sobre el tema; según sus propias palabras: "No me interesé en el pandillero asesino y ladrón, sino en la persona, en el ser humano, en saber por qué ese joven a los 13, 14 o 15 años decidió integrarse a una pandilla, con todo lo que implica esta integración." Según Poveda: "No te integras a una pandilla como a un partido de futbol: le estás ofreciendo tu vida" (Cuevas, 2009).

El filme desde su proyección en las salas cinematográficas generó controversia por el nivel de realidad y crudeza en sus historias, pero el valor de mayor relevancia que aporta el documental es la exposición del lado humano del ser pandillero y su interacción con las normas sociales; en este sentido, Poveda, al ser interrogado en una entrevista le preguntan: "¿Los integrantes de la MS o La Dieciocho infringen o transgreden las normas sociales?" A lo que respondió:

> En absoluto, ellos siguen de forma estricta las normas sociales. Cualquier MS o Dieciocho llevan consigo tatuada, no sólo metafóricamente, la norma social y jamás buscará infringirla. Si miramos superficialmente esta afirmación, inmediatamente intentaremos refutarla, pero la nota distintiva se encuentra cuando se mira de cerca y detenidamente: el mara obedece las normas sociales; sus propias normas sociales, y no de forma gratuita, pues cualquier error se paga. En más ocasiones de las que se desearía ese precio es la vida. Así, tan caros los errores, quién se atrevería a romper las normas de convivencia, normas que en el caso de la relación entre las dos Maras, son normas de depredación. Pues se odian a muerte, literalmente (Cuevas, 2009).

El Salvador, Honduras) y España. La mayoría de las pandillas están étnicamente integradas por centroamericanos (guatemaltecos, salvadoreños y hondureños) y se encuentran activas en las zonas urbanas y suburbanas. Sostienen células (clicas) localizadas en Latinoamérica con más de 70 000 miembros. Los miembros de la MS se distinguen por tatuajes que cubren el cuerpo y también a menudo cubren la cara, así como el uso de su propio lenguaje de señas. Son conocidos por su uso de la violencia y un código moral propio que consiste en su mayor parte en una venganza implacable y crueles retribuciones.

Cuevas (2009) indica que la película frecuentemente ha sido tachada como una *apología al crimen*.[4] Poveda, ante dichos cuestionamientos, argumenta que, tal apología es creada no por el director, sino por los tipos de gobierno e instituciones plagadas de corrupción. Señala que dicha apología es muy familiar a la que sucede en México y su gobierno, en donde se han creado personajes como Joaquín Guzmán Loera, mejor conocido como el *Chapo* Guzmán, considerado de las personas más ricas del mundo, según la revista *Forbes*, y modelo a seguir por muchos jóvenes deseosos de poder y reconocimiento (*Proceso*, 2011).

Acevedo (2011) indica en tal sentido que algunos componentes de la admiración hacia otros, predomina más la exaltación por las cuestiones "picudas y las bribonadas", que por los logros académicos e intelectuales. En tal caso los jóvenes buscan emular más al que infringe la Ley y "se sale con la suya" que al empresario o profesionista exitoso. Según el autor, en resumidas cuentas, por un lado se tiene un sistema de educación hacia los niños basado en la doble moral y mensajes confusos, bajo ciertos valores de bribones y picudos, y por otro lado, se tiene que los trastornos antisociales son derivados por fallas vividas en los contextos familiares; la combinación de estos dos escenarios genera el preguntarse si ¿es la antisocialidad parte de la convivencia social? o ¿la convivencia social genera la antisocialidad?, como parte de la búsqueda del reconocimiento o éxito social (Ácevedo, 2011).

Según Poveda el pandillero se ve limitado a alcanzar el éxito social, laboral, profesional y económico por su "bajo conocimiento académico" o "formal". Sin embargo, el propio cineasta en su documental expone la sabiduría rudimentaria de sus protagonistas, en donde se reflejan emociones como: el amor por el hermano, que según el cineasta este "bárbaro" daría la vida por su hermano, por la familia y sabe recibir de ella y darse a ella. Señala que es rudimentario porque este sentir y actuar no lo extiende el mara a la humanidad entera (por ejemplo, mata al de la pandilla contraria); pero si su comunidad fuera el mundo, su actuar sería ejemplo de vida (Cuevas, 2009).

---

[4] La *apología del delito o crimen* es un término que se usa frecuentemente en el lenguaje jurídico (habitualmente en el ámbito del derecho penal), y tiene que ver con la defensa de ideologías controversiales o directamente ilegítimas. La apología del delito trata de justificar acciones de dudosa legalidad (o ilegales) normalmente mediante el discurso, tratando de hacer comprender que la acción debe realizarse por corresponder a los principios éticos de los que se hacen gala. Es el elogio público de un acto que ha sido declarado criminal. Es considerado un acto instigante indirectamente, por lo que basta el dolo eventual para que se produzca el delito. La apología (o aprobación) en privado de un delito no constituye un acto ilícito.

Poveda destaca que la mayoría de los *mareros* se inician a una edad temprana, alrededor de los 13 y 15 años, que son niños criados por un solo padre y en muchos casos maltratados; crecen con graves carencias económicas, con prácticamente nulas posibilidades de recibir educación formal, etc. Cuevas (2009) señala que todo ello tiene una conexión innegable: lo que es la vida para uno. Se resume en su experiencia de vida, y no sólo el concepto que de ella se entienda, es decir, que por mucho que se pretenda vivir bajo un cierto orden social el contexto y las condiciones de vida marcarán el comportamiento que se tendrá en sociedad en el presente y futuro (Cuevas, 2009).

Hacia la reflexión del mara

Las conductas antisociales en los contextos urbanos se entienden como aquellas actividades externas observables en el individuo, las cuales se emplean para expresar la tendencia a atacar o dañar, utilizando el uso intencional de la fuerza o poder físico a otra persona, ocasionándole algún daño psicológico o físico, ya sea desde una lesión hasta la muerte (Moreno, 2001). Las conductas en los contextos urbanos son reconocidos como esquemas percibidos y socialmente construidos, que obedecen a todo un aprendizaje social, el cual según la Teoría del aprendizaje (Miller y Dollard, 1941) se obtiene mediante el aprendizaje por observación, entendido como "aquel proceso por el cual la conducta de una persona, el observador, se modifica como resultado de ser expuesto al comportamiento de otra, un modelo" (Liebert y Liebert, 1999, pág. 338).

Ante esta lógica se presume que la conducta de un individuo es el resultado de lo aprendido socialmente –por el comportamiento de otra– por consiguiente, el vivir constantemente episodios y escenarios de violencia contribuye a la reproducción de las conductas antisociales, como resultado o efectos del castigo/maltrato infantil (Straus y Kaufman, 2001; Acevedo, 2010) y del aprendizaje social violento, propiciado por la exposición del individuo a los constantes hechos violentos (dentro y fuera del hogar) (Ander-Egg, 1995).

Ahora bien, si la adquisición del conocimiento social o aprendizaje violento se da en las primeras etapas en la vida del individuo, como resultado de la interacción del niño con el medio –como creen muchos teóricos del desarrollo– las conductas que éstos manifiesten será resultado de los ejemplos e influencias que vivan en sus contextos particulares e instituciones sociales encargadas de la formación de valores (Flores, 2006). Tales instituciones pueden ser la familia, la religión, las instituciones de gobierno, las escuelas, las influencias, entre otras, representan el modelo para la construcción de valores, conductas positivas y no violentas en los menores. Sin embargo, ante la presencia de antivalores (como pueden ser los derivados de la violencia familiar, de violencia en las instituciones o de violencia en las escuelas), es de esperarse una reproducción social de la violencia en los distintos contextos sociales y sobre todo la reproducion de células delictivas como los maras (UNICEF, 2005).

Según explicaciones de la Teoría de las metas de éxito económico (Merton, 1964), otro de los elementos que contribuye a la proliferación de las conductas antisociales dentro de las pandillas juveniles es la condición socioeconómica precaria, en la cual los jóvenes de sectores urbanos marginales se encuentran en una mayor posibilidad de cometer actos delictivos para obtener prestigio social, dado que su acceso a la estructura de oportunidades se ve limitado para ellos. Por su parte, teóricos de la Teoría del desarrollo (Germani, 1981) agregan que, dependiendo del grado de los procesos de urbanización e industrialización que se presenten en un contexto, mayores son los delitos contra la propiedad ajena; mientras más rural y tradicional sea una población, menores son los delitos contra la propiedad y mayores los delitos de sangre y sexuales.

Ante este escenario Martínez y Gras (2002) exponen la estrecha relación que existe entre los actos delictivos con el grado de urbanización e industrialización de un determinado contexto, agregando otros factores que pueden contribuir a la generación de contextos violentos, como pueden ser las desigualdades sociales, la pérdida de la armonía en el claustro por sobrecarga de tareas, la desmotivación, el empobrecimiento de la comunicación y el aumento de relaciones presididas por la rivalidad, el individualismo rampante y el debilitamiento del sentido de comunidad; así como la pertenencia a algún grupo con un líder conflictivo, factores que en su conjunto contribuyen al desequilibrio estructural del sujeto y a generar condiciones propicias para la inadaptación y como génesis de las conductas antisociales.

En cuanto a la identificación de las conductas antisociales que se pueden manifestar en un contexto urbano, Herrero (2006) identifica tres dimensiones en estas conductas que se pueden agrupar, como son: la dimensión de los delitos callejeros, la dimensión del vandalismo y la dimensión de la violencia urbana. *Los delitos callejeros* se entienden como aquellos actos que se cometen con el afán de agredir a terceros, cuya intención es la de buscar cierta gratificación personal o desafío, llamados por el propio autor, actos de delincuencia (como pueden ser los robos o lesiones a terceros, entre otros).

Define al *vandalismo* como un fenómeno que consiste en llevar a cabo comportamientos dentro de un contexto urbano, orientados de forma directa, a producir daños o estragos materiales de forma puramente gratuita, sobre todo con respecto a muebles o inmuebles de carácter público o al servicio del público (cabinas telefónicas, paradas de autobuses, faroles de alumbrado público, marquesinas, papeleras, mobiliario escolar, o urbano, vehículos públicos de transporte, ventanas, anuncios o fachadas de inmuebles, entre otros).

Herrero (2006) diferencia el vandalismo de la delincuencia callejera, señalando que el primero puede asimilarse a la segunda en cuanto lesiona bienes jurídicos (la propiedad ajena) dentro de un contexto urbano mediante el ejercicio de la violencia. Mientras que la delincuencia callejera se sirve a menudo de la violencia, a veces, excesiva. Pero en el vandalismo esta violencia no va dirigida directamente contra las personas ni para apropiarse de las cosas, representa únicamente un acto vandálico que emerge desde una motivación distinta, como puede ser la satisfacción que produce en el sujeto la actitud destructora (el vándalo realiza casi en exclusiva daños o estragos). Finalmente, *la violencia urbana* es entendida como aquella que es superada en sus móviles y motivaciones, atentando no sólo contra las personas y los bienes de manera aislada; también es practicada por grupos de jóvenes que habitan dichos barrios de manera masiva o sectorial, mostrándose una categoría disfuncional a mayor escala.

Por lo anterior se presume que las conductas antisociales en los contextos urbanos tienen la característica de manifestarse mediante una hostilidad de los sujetos hacia su realidad, incluyendo las instituciones y las leyes, que son expresadas tanto en forma de desobediencia frente a las normas menores, como el rechazo de los modos de socialización elegido por un grupo determinado (Farré, 1999). En este sentido, Alarcón, Vinet y Salvo (2005) identifican ciertas características de la personalidad en adolescentes con conductas antisociales, y determinan que, dependiendo los contextos judiciales y los perfiles de personalidad, repercuten en la peligrosidad en los delitos cometidos por los adolescentes.

Finalmente, Moreno (1992) agrega que las tendencias delictivas en jóvenes se empieza a dibujar cuando el sujeto falta a menudo a clases, se escapa del hogar paterno, se involucra en peleas callejeras, en alguna ocasión utiliza algún tipo de arma, inflige daños físicos a personas o animales con crueldad, destruye la propiedad ajena, forza a alguien a tener relaciones sexuales. Agrega que entre los signos infantiles comunes se encuentran las mentiras, los robos, la holgazanería, el vandalismo, las peleas, las huidas del hogar y la crueldad física, como puede apreciarse en el caso del *Ponchis*, el niño sicario.

EL *PONCHIS* (EL NIÑO SICARIO)

Acevedo (2011) y Rabazo (1999) indican que la edad en la que se empieza a generar evidencia sobre tendencias antisociales es antes de los 12 años de edad y se prolongan los actos durante la adolescencia y la madurez, aumentando en frecuencia y magnitud. Tal situación se vio ejemplificada en el año de 2010 cuando una noticia sacudió las conciencias y los parámetros morales de la sociedad mexicana; los medios de comunicación anunciaban la búsqueda incansable del niño sicario, el *Ponchis*, de 12 años de edad, acusado de degollar a los adversarios del Cártel de los Beltrán Leyva[5] en Morelos (*Proceso*, 2011). Responsable, además, de haber degollado al menos a cuatro personas que fueron encontradas desmembradas y colgadas en un puente vial de la autopista Cuernavaca-México (Miranda, 2010).

Crónica de su arresto

En el mes de diciembre de 2010 Édgar "N", conocido como el *Ponchis*, fue detenido por soldados de la 24 Zona Militar en el aeropuerto estatal *Mariano Matamoros*, 17 kilómetros al sur de la capital morelense. Su boleto de vuelo marcaba el asiento 20 E con destino a Tijuana y de ahí viajaría a San Diego, Estados Unidos, de donde es originario y en donde reside su madre[6] (Miranda, 2010).

---

[5] El Cártel de los Beltrán Leyva, ahora Cartel del Pacífico Sur, es una organización delictiva establecida en Sinaloa, México. Originalmente liderada por los hermanos Alfredo, Héctor, Marcos Arturo, Mario Alberto y Carlos Beltrán Leyva. Primordialmente eran comandantes de la organización criminal conocida como el Cártel de Sinaloa, dirigida por Joaquín Guzmán Loera *el Chapo* Guzmán y basada en el estado de Sinaloa, México. Los hermanos Beltrán Leyva estaban a cargo de dos grupos de asesinos conocidos como *Los Pelones*, en el estado de Guerrero y *Los Güeros*, en el estado de Sonora, que efectuaban asesinatos a favor del Cártel de Sinaloa.

[6] La madre de el *Ponchis*, Yolanda Jiménez Lugo, comenzaba una nueva vida en San Diego, específicamente en el barrio de Logan Heights, donde fue arrestada por la Patrulla Fronteriza y donde vivía desde aproximadamente ocho años. Allí compartía un departamento con sus pequeñas y el padre, Gabriel Aguirre Manuel, con quien Jiménez se casó en 2008 (Miranda, 2010b). Se dedicaba a vender cosméticos en el barrio, y según señalaron vecinos al diario local, frecuentemente tocaba las puertas de otros departamentos para invitar a la gente a la iglesia o para hablarles de Dios (Miranda, 2010b).

En el momento de su detención el *Ponchis* era acompañado por dos de sus hermanas pero sólo una de ellas, de 19 años de edad, identificada como Elizabeth, lo acompañaría en su viaje a San Diego, California. Su hermana es catalogada por los mandos castrenses como cabecilla del grupo las *Chabelas*, quienes supuestamente se encargaban de trasladar los cadáveres en camionetas y después arrojarlos a orillas de la carretera (Miranda, 2010).

El móvil de los asesinatos

Antes de ser entregado por los soldados al Ministerio Público Federal, el *Ponchis* admitió ante la prensa haber degollado a cuatro sujetos que después aparecieron desmembrados y colgados en un puente vial de la autopista Cuernavaca-México. Al momento de su captura se le preguntó lo siguiente:

> ¿Tienes miedo? *No* [respondió]; ¿Sabes lo que viene? *Sí, sé lo que va a pasar;* ¿Por qué los matabas? *Me ordenaba el Negro.*[7] *Sólo me drogaba con mota y no sabía lo que hacía;* ¿Por qué te metiste en esto? *No me metí, me jalaron;* ¿Estás arrepentido? *Sí, de haber entrado a esto y de matar;* ¿Si sales en libertad qué vas hacer? *Me voy a ir por la derecha, trabajaré de lo que sea menos de eso* (Miranda, 2010b).

El *Ponchis* y las ligas mayores

El *Ponchis* declaró que por degollar a los rivales del Cártel del Pacífico Sur (CPS) recibía como pago 2 mil 500 dólares, y a veces le pagaban en pesos mexicanos (Miranda, 2010). En su declaración ante la prensa aceptó pertenecer al CPS, una célula que lidera Héctor Beltrán Leyva, *El H*, luego de la muerte de su hermano Arturo en diciembre de 2009. Desde entonces, el CPS se alió con *Los Zetas* para disputar la plaza a *La Familia Michoacana* y grupos afines a Édgar Valdez Villarreal, la *Barbie* (detenido el 30 de agosto de 2010). A la

---

[7] Expone que el *Negro* lo comenzó a drogar desde los 12 años y que un día lo "levantaron" y le advirtieron: "si no trabajas con nosotros te vamos a matar", y desde entonces fue parte del CPS. Julio de Jesús Radilla Hernández o Julio Jesús Padilla Hernández, el *Negro*, ubicado por las fuerzas castrenses como el nuevo líder del CPS, una célula del Cártel de los Beltrán Leyva en Morelos. Actualmente está prófugo (*Proceso*, 2011).

fecha suman más de 325 muertos, de acuerdo con el levantamiento de cadáveres (*Proceso*, 2011).

El *Ponchis* es parte del grupo de jóvenes de entre 12 y 23 años de edad que publicó fotografías en Internet[8] posando con armas, droga, autos y degollando a sus adversarios. Eso permitió que los soldados de la 24 Zona Militar los persiguieran y detuvieran a varios de sus integrantes en una casa de seguridad, en el municipio de Jiutepec, situado en la zona conurbada de Cuernavaca (Miranda, 2010).

¿Su infancia?

Al ser capturado el *Niño sicario* (como también se le conocía al *Ponchis*) los medios de comunicación impresos, como *El Universal* (Miranda, 2010) comenzaron a describir parte de su historial delictivo, narrando que cuando apenas era un bebé, su padre lo llevó de San Diego, en Estados Unidos, a Jiutepec, Morelos, para que viviera con su abuela paterna Carmen Solís Gil, sin imaginar que el pequeño se convertiría en un sicario bajo las órdenes del Cártel del Pacífico Sur.

Documentos del condado de San Diego de 1999 que se emplean para realizar adopciones señalaban entonces a la señora Solís Gil, nacida en 1926, como la madre de Édgar N el *Ponchis* y Lina Éricka, mientras que en el acta de nacimiento de Elizabeth la abuela paterna aparece también como la madre (Miranda, 2010*b*). El *Ponchis*, según familiares y personas que lo conocían, describen que: "El niño la adoraba (a la abuela), y veíamos cómo la abrazaba como si ella fuera su madre", señala al diario *San Diego Union Tribune* un familiar que prefirió no ser identificado por temor a represalias (*El Mundo*, 2010).

Algunos de los vecinos de Édgar en Jiutepec aseguraron que su padre se había vuelto a casar, por lo que él fue criado por Carmen Solís, quien falleció hace varios años. Ya asentados en Morelos, el llamado "niño sicario" comenzó con su educación primaria, pero cuando do tenía entre 7 y 8 años fue expulsado del colegio por golpear a una niña e involucrarse constantemente en peleas con otros menores, dice uno de sus profesores de Educación Física (*El Mundo*, 2010).

Según el director de la escuela donde estudió el *Ponchis*, era un niño descuidado, el profesor ponía mucha atención en él, lo consentía y le llamaba mi Ponchis, sobrenombre que le dio su familia a los cua-

---

[8] Niños sicarios video: *http://mporioent.com/mpe/?p=3108*

tro años, cuando era apenas un niñito regordete (*El Mundo*, 2010). De aspecto casi siempre desaliñado, Édgar solía pasar el tiempo vagando con chicos mayores, hasta convertirse en una especie de mobiliario de las calles de la zona, algunas veces esperando a sus amigos afuera del colegio después de clases, agrega el maestro (*El Mundo*, 2010). "Es difícil imaginar que ha sido tan cruel, que estuvo degollando y desmembrando personas", dice el catedrático, pero finaliza con un "sí, tenía una tendencia a la maldad" (Miranda, 2010*b*).

El *Ponchis* y su naturaleza

Los aspectos sustantivos del perfil de el *Ponchis*, su móvil e historial tanto escolar como de vida, y que se dejan entrever en su declaración al momento de ser detenido, encuentra su reflexión y eco en distintas discusiones teóricas como pueden ser: las psicopatológicas de Freud (1930); Teoría del aprendizaje social de Bandura (1987); los Modelos sociológicos, como la Teoría de la asociación diferencial de Park (1925) y Sutherland y Cressey (1978); y las Teorías integradoras de Farrington (1986), entre otras.

Freud (1930) en sus modelos conceptuales describe que el origen de la antisocialidad se desprende de la presencia de un cierto nivel de déficit en la interacción con los padres, así como en el comportamiento aislado de los miembros de la familia; comportamientos que contribuyen a agudizar los problemas de antisocialidad, tornándola delictiva (Acevedo, 2011). La infancia del *Ponchis* marcada por la ausencia de las relaciones familiares y de la crianza en los primeros años, contribuyó en la presencia de la conducta antisocial, como resultado de un desarrollo defectuoso de su personalidad, por las ausencias afectivas en sus primeras fases de desarrollo infantil.

Bandura (1987) señala que la conducta humana se desprende de la interacción recíproca y continua entre los determinantes cognitivos, comportamentales y ambientales. Que en el caso de la conducta antisocial que refleja el "niño sicario" se desprende de los principios del aprendizaje social, lo cual incide en que el reforzamiento depende de las consecuencias que para el modelo tiene su conducta. El propio autor destaca que las más y extremas conductas delictivas (como el robo con violencia) se han encontrado en ambientes en donde abundan los modelos agresivos y la agresividad es altamente valorada, sin soslayar que estos problemas se agudizan cuando los modelos de agresión se pueden encontrar en la familia y la subcultura (la hermana del *Ponchis* lideraba una célula de la banda) y, de forma simbólica, en el cine y la televisión, estando, por tanto, al alcance de los jóvenes.

Desde una perspectiva sociológica Park (1925) y Sutherland y Cressey (1978) proponen que la conducta delictiva, como la que presenta "el niño sicario", al igual que cualquier otro comportamiento, se aprende en un proceso de comunicación con otras personas, y dicho proceso de aprendizaje se produce al margen de la influencia de los medios de comunicación (prensa y radio) impersonales; para que un individuo se convierta en delincuente, no basta con que haya estado en contacto con pautas de comportamiento delictivo, sino que es necesario un exceso de dichos contactos en relación con los no delictivos (el *Ponchis* estuvo al mando del *Negro,* líder del CPS).

Agrega Farrington (1986) que los delitos se realizan mediante procesos de interacción entre el individuo y el ambiente, los cuales se dividen en cuatro etapas: en la primera etapa se sugiere que la motivación o el deseo de bienes materiales, de prestigio social y de búsqueda de excitación producen actos delictivos. En la segunda etapa se busca el método legal e ilegal de satisfacer los deseos. La relativa incapacidad de los jóvenes pobres para alcanzar metas u objetivos mediante métodos legítimos puede ser, en parte, porque tienden a faltar a la escuela y, por tanto, encuentran empleos de bajo nivel. En la tercera etapa la motivación para cometer actos delictivos se magnifica o disminuye por las creencias y actitudes interiorizadas sobre el significado de infringir las leyes, desarrolladas a partir de la historia de refuerzos y castigos. Finalmente, en la cuarta etapa supone que los factores situacionales (costo-beneficio) serán los que lleven a cometer los delitos. Este autor concluye que dichas etapas en su conjunto representan escenarios de violencia que el propio sujeto los concibe como *estilos de vida,* y que a la larga, representan el único modo de entender y comprender al mundo que le rodea.

VIOLENCIA COMO ESTILO DE VIDA (NOTAS PARA REFLEXIONAR)[9]

Desde el trabajo voluntario en la ONG "Voluntades por Coahuila", percibimos la violencia como un estilo de vida. No juzgamos si es

[9] Rodrigo Montelongo Suárez, presidente de la Organización No Gubernamental "Voluntades por Coahuila".

positivo o negativo, si es moral o no, si es ético o no, si es socialmente aceptable o condenable. Simplemente colocamos en el terreno de la discusión la realidad latente en las comunidades urbano-populares, donde la violencia es parte del ejercicio diario de sobrevivencia desde el seno del hogar hasta los espacios públicos del barrio y la ciudad.

Y es que los contextos contemporáneos son tierra fértil para que la violencia brinde a la persona la posibilidad de sobrevivir en un mundo en desventaja desde cualquier perspectiva. En particular, para los chavos y chavas del barrio es muy difícil la posibilidad de ser tratados de igual forma que los demás habitantes. Son excluidos en distintas modalidades del devenir público. No son vistos sino como ese ejército necesario para engrosar las filas de mano de obra barata en la industria y el comercio, en los subempleos y trabajos como la construcción y el trabajo doméstico.

La mayoría de nuestra juventud urbano-popular tiene múltiples carencias, ya sea de oportunidades laborales y/o dificultades para su superación, y no vislumbran expectativas para su desarrollo. La niñez y la adolescencia no han sido prioritarias para el Estado, no hay recursos destinados a instituciones que los atiendan. Muchas veces sus necesidades e inquietudes son suplidas por entidades privadas que trabajan para poder ofrecerles alguna esperanza y, por cierto, escasa.

Uno de los principales obstáculos que enfrentan los jóvenes es la violencia indiscriminada que a diario los envuelve. Muchas de las víctimas y victimarios son adolescentes o jóvenes cuyas edades oscilan entre los 12 y los 24 años. Esta parte de la población, considerada como bono demográfico, no es objeto de una atención especial por parte del Estado, lo cual hace que el potencial que podría contribuir al desarrollo económico nacional se vea malogrado.

Los más afectados son los que se encuentran en zonas marginales. Gran parte de ellos están fuera del sistema escolar; muchos deben trabajar, otros están desempleados, algunos se involucran en actos reñidos con la ley o participan en pandillas. Y cuando esto sucede, la sociedad se ensaña con ellos, y pide medidas drásticas para castigarlos, como si esta fuera la solución a este tipo de problemas sociales.

Los factores de riesgo a que se encuentran sometidos estos menores los llevan a escenarios en los que los problemas se agravan. Se convierten en presa fácil de drogas o alcohol, o bien, buscan el camino de la migración en condiciones muy precarias. La desigualdad los afecta sobremanera, y la exclusión, discriminación y estigmatización complementan el cuadro. Desde la prensa se contribuye a las percepciones que los culpabilizan por su forma de hablar, de vestir o por sus expresiones culturales.

La violencia juvenil es una de las formas más visibles de violencia en la sociedad. Los medios de comunicación refieren hechos de este tipo originados en calles, escuelas, barrios y sitios públicos en general, donde se ven involucrados los muchachos y muchachas integrados en pandillas. La violencia ocasiona que cometan una serie de conductas delictivas, que abandonen el sistema escolarizado, consuman drogas y al mismo tiempo obtengan reconocimiento de sus pares y hasta lideren a sus iguales en actos vandálicos.

Pero estas acciones no nacen por generación espontánea, mucho tiene que ver la violencia intrafamiliar y las situaciones límite a las que se ve sometida la persona en su infancia, como los golpes y gritos entre adultos, las riñas entre parientes y el abuso hacia los menores, de tal modo que consideran a la violencia como un medio aceptable para resolver problemas.

En la actualidad, la violencia generada por el crimen organizado y el narcotráfico es otro ingrediente que repercute en las conductas agresivas de los menores, quienes aprenden que este tipo de actos colocan a los violentos por encima de la ley y de las fuerzas del orden, que poco tienen de fuerzas y casi nada de efectividad para mantener la paz social.

No sólo la participación en riñas, la intimidación y el sometimiento de los muchachos y muchachas más débiles es parte de este esquema de violencia barrial, sino que la portación de armas ha pasado de las punzocortantes a las de fuego. Los que asisten a la escuela y los que tienen la vagancia como su pasatiempo utilizan este tipo de objetos y aumentan el riesgo de terminar en desenlaces mortales al momento de utilizarlas, al no medir el peligro al que se enfrentan y a las consecuencias de sus actos. Tiene mucho que ver en este esquema de violencia la relación con familias, amigos, compañeros, para detonar el comportamiento violento, agresivo y configurar rasgos de la personalidad conforme la persona crece y se desarrolla en un medio hostil.

El comportamiento de sus referentes adultos (abuelos, padres, tíos, hermanos) y el ambiente familiar son factores fundamentales en el desarrollo de conductas violentas en los jóvenes. La falta de atención a los pequeños y el uso de la violencia física como medio de control disciplinario, predicen la violencia en los siguientes años de la vida del menor.

Es de sentido común la afirmación de que en general el estrato socioeconómico bajo de la familia sea asociado con violencia futura. Las condiciones precarias aumentan el grado de tensión entre los miembros y ocasionan violencia intrafamiliar, lo que desencadena posteriormente en el ejercicio de la violencia como medio de sobrevivencia en todos los sentidos, desde la posición en la familia y en el barrio hasta la obtención de satisfactores mínimos para subsistir.

La influencia de los pares durante la adolescencia se considera en general positiva e importante para configurar relaciones interpersonales y lleva consigo la carga social de la violencia, porque en general los muchachos y las muchachas deberán pasar por situaciones violentas antes de ser aceptados por las pandillas de sus barrios y colonias, y entenderán que la sociedad funciona así.

Cuando se habla de que en tal o cual sector la violencia es mayor, que no se puede entrar en este o aquel barrio por el alto grado de peligrosidad o que si entras a esa colonia "no saldrás vivo", se pone en evidencia que las comunidades influyen definitivamente en el devenir de la persona en la forma en la que puedan estar expuestos a situaciones que conducen a la violencia. Los niños, adolescentes y jóvenes de ciudad tienden a ser más violentos por las circunstancias de vida. Los sectores "difíciles" para la seguridad pública, aquellos catalogados como "zonas de alta peligrosidad donde ni la policía se atreve a entrar" no hacen más que resaltar que socialmente se lanza el código de que todos los que viven allí son violentos y malandrines. Estos estigmas sociales lo único que ocasionan es aumentar el poder local de las personas de esos sitios y generar expectativas situacionales de mayor tensión y agresividad social.

Recuérdese en Saltillo (municipio de Coahuila, México), en la zona sur poniente el sector conocido como "las gradas" coto de poder de la familia Pargas, principales distribuidores de drogas en la década de los 80 y 90 y que finalmente, la autoridad tomó el control del sector y desapareció el "alto grado de peligrosidad". Ahora se puede circular libremente por la zona sin contratiempo alguno, pero lo más interesante es que la gente no se cambió de zona habitacional, siguen siendo los mismos pero con diferente nivel de relación con su entorno. A unas cuadras de esa zona estereotipada como insegura, funciona el mercadillo de los domingos y no hay reportes de violencia excesiva ni robos a mano armada.

La pandilla es el factor decisivo para generar violencia social. Es el estilo de vida que tiene este ingrediente de forma intrínseca al ser-pandillero y al ente abstracto llamado así: pandilla.

En todas las regiones del mundo se encuentran pandillas juveniles, sólo varían el tamaño (grupo eminentemente socializador) y la naturaleza (red delictiva organizada). Todas parecen responder a la necesidad básica de pertenecer a un grupo y crear su propia identidad y sentido de pertenencia. De acuerdo con los datos de la ONG "Voluntades por Coahuila", en la zona metropolitana de Saltillo existen 750 pandillas en las que están involucrados cerca de 80 mil niños, adolescentes y jóvenes.

Es común que los pandilleros y pandilleras hayan abandonado el sistema escolarizado y los que trabajan lo hacen en la economía informal, mal pagados y sin expectativas de futuro. Además, la mayoría deja el trabajo para otra etapa de su vida y aprende a vivir de los demás a través del robo como medio para tener ingresos económicos. Con el apoyo de la pandilla, ellos y ellas se vuelven más violentos y se involucran cada vez más en actividades de alto riesgo, con frecuencia ilícitas.

Una compleja interacción de factores lleva a los muchachos a optar por la vida en pandilla. Éstas proliferan en lugares donde se ha desintegrado el orden social establecido y donde no hay alternativas de comportamiento cultural aceptable. Otra serie de factores que mantienen vivas a las pandillas pueden ser: la falta de movilidad social y económica dentro de una sociedad que promueve el consumo, la declinación del cumplimiento de la ley y el orden en el plano microlocal, la interrupción de estudios y la paga insuficiente para las necesidades personales y familiares. La ausencia de los padres en la educación de los hijos, el castigo físico severo o la victimización en el hogar.

La mayor afectación de la violencia juvenil en la pandilla o fuera de ella es al equipamiento urbano y al capital social. Es normal observar en los barrios y colonias la destrucción del mobiliario urbano, las paradas de autobuses, las lámparas públicas, los parques, las paredes y edificios públicos son pintarrajeados y destruidos como si hubiera existido allí una guerra entre personas con ese saldo social deficiente. Los daños a la ecología y al medio ambiente son parte de estos actos vandálicos y pareciera que a la comunidad le satisficiera vivir de esta manera y no de otra. ¡Nada de eso!, lo que pasa es que la permisividad social permea a todos los habitantes de la colonia y se hace común observar este entorno y vivir así en él.

La desconfianza resultante de la destrucción de la infraestructura, las instalaciones de esparcimiento y la falta de oportunidades de desarrollo aumentan la probabilidad de comportamiento violento entre los jóvenes. Ahora bien, se pueden considerar además, varios factores sociales que pueden crear condiciones conducentes a la violencia entre los jóvenes, que no son causa directa del problema pero que se asocian de manera importante.

Desde nuestro punto de vista, los cambios demográficos de las últimas décadas en la región, tan vertiginosos, la modernización de la vida citadina, la emigración, el retorno de migrantes locales y la falta de políticas públicas juveniles están vinculadas con la violencia juvenil.

La falta de oportunidades de empleo y educación, los mínimos programas de salud y la escasa atención cultural generan estas dinámicas violentas y, además, imparables se les agrega el ingrediente de la seducción del crimen organizado y el narcotráfico como formas de obtención de recursos y poder de manera rápida.

Las medidas represivas de los gobiernos municipal, estatal y federal no inciden en la vida social ni como medidas de control de la violencia juvenil ni como garantía de la paz social en la comunidad. Por el contrario, esta represión por parte de los aparatos policiacos sólo crea más tensión, impotencia y desorden social por varias razones. Las personas que ingresan en los aparatos de policía local y estatal son personas de colonias que alguna vez en su vida estuvieron integrados en pandillas. El uniforme les concede inmunidad para golpear, dañar y hasta delinquir en contra de quienes son integrantes de pandillas contrarias, y este ejercicio desmedido de poder ocasiona golpes y traumatismos en los adolescentes y jóvenes del barrio. Además, el aparato represivo sólo trae como consecuencia que los jóvenes se organicen mejor, que pongan en práctica su creatividad para enfrentarse en estas riñas entre policía-jóvenes barriobajeros y, por consecuencia generen un incremento en los niveles de violencia social.

Otro elemento es el cultural, la herencia social contribuye a determinar el cómo responden las personas a un ámbito cambiante. Los factores culturales influyen en el nivel de violencia presente en la sociedad. Esta es la base de la mirada desde nuestra ONG y ante la que poco hemos podido hacer: nos enfrentamos al respaldo social de la violencia como un medio normal para resolver los conflictos, lo que enseña a los jóvenes a adoptar conductas violentas como estilo de vida, sobrevivencia y estatus.

Hace años, en la redacción de un periódico local, un grupo de pandilleros de una determinada pandilla del oriente de la ciudad, acudieron con el editor para reclamarle que corrigiera una nota de prensa, de su sección policiaca, porque esa información colocaba a la pandilla contraria como la ganadora del enfrentamiento campal en la zona centro de la ciudad, entre ellos y el grupo rival, y los jóvenes reclamantes señalaban que no, que los ganadores habían sido ellos y que la información era errónea y tenía que corregirse porque estaba de por medio el prestigio de los presuntos ganadores de la pelea callejera. Se trata entonces de la posición pandilleril frente a sus iguales y la sociedad en su conjunto.

En la década de 1990 pandillas como "Vampiros", de la colonia San Isidro, "Pelones", de la colonia Mirador, "Wanders", de la colonia Zapalinamé, "Wongs", de la colonia Centenario, hacían temblar a la ciudad por la concentración y demostración de poder local adquirido por la violencia generada en el sitio donde estuvieran sus miembros. Con el paso del tiempo, estas pandillas se redujeron a su mínima expresión para darle sitio a "La Guerrilla" y los "Gavilanes de Tetillas", "Trolos" y "Piratas" de la Zona Centro, "Gatos" de la Loma de Santa Anita, que también desaparecieron. Estos cambios sociales en la infografía delictiva son de fácil comprensión si se toma en cuenta la edad de los miembros de las pandillas que, con el cambio cronológico y las nuevas ocupaciones como personas casadas, van dejando tras de sí esas prácticas juveniles, como necesidad insalvable de pasar a la siguiente etapa de sus vidas, si es que siguen vivos, porque una gran parte de ellos ha terminado sus días o en la cárcel o en el panteón.

Pero esta reflexión no es una apología de la violencia ni asumimos que el estado de cosas en nuestra región es así, sin perspectivas de un futuro más seguro y mejor para los jóvenes de las generaciones futuras. Si bien es cierto que nos hemos referido a la delincuencia como estilo de vida entre los niños, adolescentes y jóvenes urbano-populares, no es el tipo de sociedad que deseamos. Por ello, en estos quince años de trabajo voluntario desde la sociedad civil organizada, hemos buscado que nuestros planes y programas contribuyan a mejorar la calidad de vida de los pandilleros y pandilleras, y a generar nuevos comportamientos sociales y una nueva cultura barrial de sana convivencia y adecuada ocupación del ocio.

Para ello nuestra intervención se ha centrado en cada uno de los chavos y chavas del barrio que llegan voluntariamente a nuestra ONG. Hemos privilegiado aumentar la influencia de los factores protectores asociándolos a las aptitudes, actitudes y creencias individuales.

Desde los años de la infancia intentamos reforzar el disfrute del conocimiento mediante un club de tareas y apoyos extraescolares para permanecer en el aula y evitar la deserción escolar. Hacer de "la escuela" un elemento importante en su crecimiento para cimentar en firme el futuro personal.

Respecto a los adolescentes contamos con el programa de "Violencia controlada", el cual nos permite ampliar el horizonte de visión acerca de esta situación de vida de los chavos y chavas, y facilitar estrategias para que ellos mantengan el control de sus actos. Buscamos reducir el comportamiento antisocial de manera realista, promoviendo comportamientos positivos, amistosos y cooperativos para controlar la ira, modificar el comportamiento al que están predestinados, adoptar una perspectiva social que no existe, promover el crecimiento de su fe en Dios como ancla y bastión trascendente, colaborar en la mejor solución de los conflictos entre pares. Lo que mejor nos ha resultado es el programa centrado en el desenvolvimiento de actitudes sociales positivas y de competencia. Un claro ejemplo de ello es nuestro programa cultural donde ellos y ellas desarrollan su talento y sus habilidades para la música y el baile urbano, y obtienen un reconocimiento social positivo que antes no tenían o que sólo lo adquirían mediante la fuerza física ejercida por acciones violentas hacia los demás en el barrio y en la escuela.

Nuestro modelo dialógico-participativo nos permite crear otras estrategias de control de la violencia, intentando incidir en el tipo de relaciones que tienen con otras personas con quienes interactúan habitualmente. Entender el adecuado manejo del poder desde las figuras adultas que lo ejercen como los padres, profesores, jefes, y vincular relaciones entre pares de absoluta horizontalidad donde la perspectiva de género es una condición sin la cual no se pueden desarrollar estas acciones.

No trabajamos con las pandillas, creemos que esta estrategia no da resultado porque es necesario el convencimiento pleno del pandillero o pandillera de mejorar su vida y su entorno y esto no se logra por ósmosis. Es necesario, entonces, ir a la persona y colaborar pacientemente con ella hasta que esté convencida de dar o no el paso a una situación de seguridad donde no tenga que ejercer violencia física ni psicológica para lograr ser aceptado socialmente.

Contamos con un grupo importante pertenecientes a pandillas de distinto nivel de violencia en la comunidad, que son parte de nuestros programas de mejora continua diseminados por toda la región. Las estrategias incluyen actividades socialmente productivas.

En las zonas urbano-populares conocemos y reconocemos que la violencia está allí presente y pegada como la carne al hueso en el entramado social, por ello hemos ideado programas de acción que tomen en cuenta la cultura de la comunidad. Este enfoque procura modificar los valores culturales arraigados que estimulan la violencia en y desde la pandilla.

En y desde el barrio, el tratamiento del tema no tiene quizá tras-cendencia en la inmediatez de la vida de los jóvenes. Poco le importa si se llama "bullying", "programa de violencia controlada", "violencia como estilo de vida" y cualquier otro nombre que se le dé en el futu-ro al problema. No. Ellos y ellas están en el día a día, viviendo com-pletamente inmersos en la violencia familiar, barrial y comunitaria y en el momento de la pubertad, la adolescencia y la primera juventud, como ingrediente intrínseco a sus vidas que les hace desarrollar habi-lidades y talentos para sobrevivir en esta sociedad violenta en la que les ha correspondido hacer historia.

Sin embargo, para quienes nos hemos dado a la tarea voluntaria de trabajar con ellos en el día a día, sí reconocemos que nos faltan elementos científicos para analizar y reflexionar en torno al fenóme-no social y conocer lo que se hace en otras partes del mundo para encauzar a las personas a mejorar su entorno y desentenderse de la violencia como ejercicio cotidiano de sobrevivencia.

Por ello, alentamos a los investigadores y centros de investigación a producir conocimientos que tengan utilidad práctica y permitan re-dirigir las estrategias de acción para tener sociedades más sanas y feli-ces. Esta responsabilidad es compartida por todos, es necesario tener ese cúmulo de investigaciones y producciones científico-sociales para mejorar las intervenciones de quienes hemos decidido trabajar como sociedad civil organizada, y que sirvan como insumos para el diseño, operación y evaluación de políticas públicas para reducir la violencia.

5

Bravucones en Coahuila, México

Ante la necesidad de generar estudios descriptivos con implicaciones prácticas y que según Prieto, Carrillo y Jiménez (2005) consideren tanto a los niveles básicos, medio superior, y por qué no, hasta el superior, a continuación se presentan dos estudios que buscan generar un panorama general de la situación por la que atraviesan los distintos niveles educativos en materia de intimidación: el primero dirigido a la identificación de intimidación en contextos educativos básicos (primaria y secundaria); y el segundo dirigido a la descripción de la intimidación que se presenta en los niveles medio superior (preparatorias) y superior (facultades de la UA de C).

LA INTIMIDACIÓN DENTRO DE LOS CONTEXTOS EDUCATIVOS (PRIMARIA Y SECUNDARIA)

Durante el periodo de febrero-marzo de 2011 en la ciudad de Saltillo, Coahuila, se aplicaron 100 cédulas (véase anexo 3) a dos unidades académicas, lo que representa 53 % a nivel primaria[1] y 47 % secundaria; correspondiendo 46 % de los entrevistados al género femenino y 49 % al masculino.[2] Se destaca que 44 % de los entrevista-

[1] Dirigido a alumnos de 5o. y 6o. grados.
[2] Se presentó un sesgo de 5 %.

dos se encuentra en una edad entre los 10 y 12 años, mientras que 51% se encuentra entre los 13 y 15 años (cuadro 5.1).

Cuadro 5.1. Datos generales de los entrevistados por edad y género.

Edad (en años)	Género		Total	%
	Femenino	Masculino		
Diez	5	5	10	
Once	10	11	21	44
Doce	7	6	13	
Trece	6	4	10	
Catorce	12	14	26	51
Quince	6	9	15	
Total	46	49	95	

FUENTE: Elaborada por el propio autor.

Dinámicas y relaciones (familia, escuela y amigos)

En cuanto a la *Dinámica familiar* que presentan los entrevistados, 61% declaró que existen discusiones en su casa, y 39% peleas (fig. 5.1). Con respecto a la Dinámica dentro de la escuela, 56% de los entrevistados manifestaron llevar una *buena relación* con los compañeros de clases; en relación con el 40% que señaló una *relación ni bien, ni mal*; finalizando 2% que abiertamente indicó llevar una *mala relación* con sus compañeros de clases.

Con respecto a los amigos, 10% manifestó *no tener amigos*; 19% expuso *tener un solo amigo*; 38% *entre 2 y 5*; y 32% *más de 6 amigos* (fig. 5.2). Pese a tener amigos, 28% de los entrevistados expuso sentirse *pocas veces solos en el recreo*, mientras que 6% manifestó que *muchas veces se han sentido solos en el patio de juegos*.

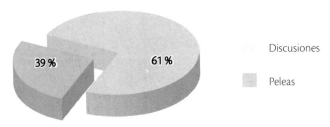

Figura 5.1. Dinámica familiar. (FUENTE: Elaborada por el propio autor.)

Finalmente, en cuanto al trato que reciben por parte de los profesores, 77 % expuso un *buen trato,* 19 % *ni bueno, ni malo,* mientras 3 % señaló *malos tratos.* En general 56 % señaló que le va *bien* en la escuela, mientras que 42 % *ni bien, ni mal,* finalmente, 2 % indicó que le va *mal* en el plantel educativo.

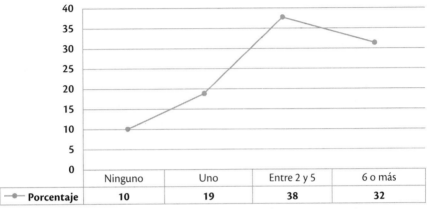

Figura 5.2. Amistad en la escuela. (FUENTE: Elaborada por el propio autor.)

La intimidación

En materia de la intimidación que presentan los entrevistados 63 % descartó la posibilidad de presentar *algún tipo de intimidación,* mientras que 30 % reconoció haber sido sujeto *en alguna ocasión de algún tipo de práctica intimidatoria* por parte de sus compañeros de clases (fig. 5.3). De éstos, 13 % representó al *género femenino,* mientras que 17 % al *género masculino* (cuadro 5.2).

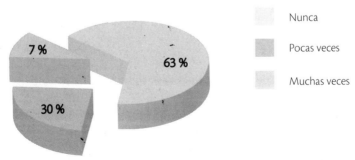

Figura 5.3. La intimidación en los centros educativos. (FUENTE: Elaborada por el propio autor.)

Cuadro 5.2. Frecuencia de la intimidación por género.

Género	Frecuencia de intimidación (%)			Total (%)
	Nunca	Pocas veces	Muchas veces	
Femenino	28	13	5	46
Masculino	32	15	2	49
Total	60	28	7	95

FUENTE: Elaborada por el propio autor.

Respecto a la temporalidad de los abusos, 13 % sostiene que dichas prácticas comenzaron *desde hace una semana*; mientras que 4 % indica que *desde hace un mes*; 8 % *desde el principio del curso*; y 4 % *desde siempre* (fig. 5.4). Cabe destacar que de 37 % de los entrevistados víctima de intimidación, 57 % de ellos *no identifica de dónde son sus agresores*, mientras que 26 % declaró que *son del mismo salón*; 5 % *del mismo grado pero de otro salón*; 3 % *de un grado superior*; 14 % agregó *que existen personas, además de sus compañeros de clases, que los intimidan y abusan de ellos, como pueden ser sus vecinos y otros.*

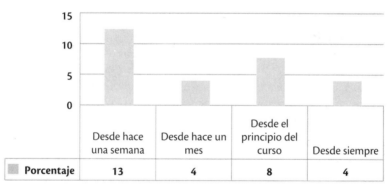

Figura 5.4. Temporalidad de la intimidación. (FUENTE: Elaborada por el propio autor.)

Las motivaciones

Entra las razones por las cuales son sujetos a intimidación, 15 % *ignora los motivos*, en relación con 8 % que asegura que *provocaron a sus agresores*; mientras que 6 % expone porque *es diferente al resto de sus compañeros de clase*; 5 % porque *es más débil que los demás*; 13 % asegura que es porque *les gusta molestarlo*; finalmente, 2 % señala que es porque *le gastaron una broma* (fig. 5.5).

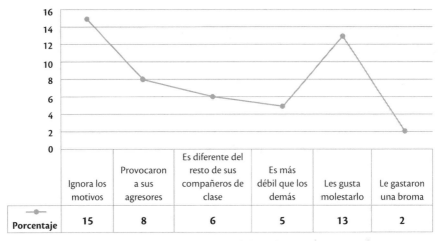

	Ignora los motivos	Provocaron a sus agresores	Es diferente del resto de sus compañeros de clase	Es más débil que los demás	Les gusta molestarlo	Le gastaron una broma
Porcentaje	15	8	6	5	13	2

Figura 5.5. Motivos de intimidación. (Fuente: Elaborada por el propio autor.)

Contexto de la intimidación

En cuanto a las características de las intimidaciones, 20 % declaró que *lo ocasiona un compañero*; 9 % *un grupo de compañeros*; 5 % *una compañera*; 3 % *un grupo de compañeras*; y 6 % *un grupo de compañeros y compañeras*. Con respecto a los lugares donde se da dicha intimidación, según lo manifestado por 49 % de los entrevistados, en el *salón de clases*; seguido por el *patio o área de recreo* (27 %); y en *la calle* (24 %) (fig. 5.6).

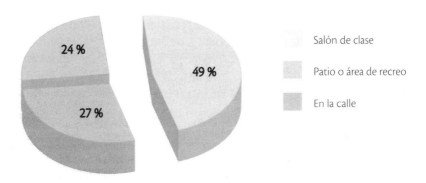

Figura 5.6. Escenario donde se genera la intimidación. (Fuente: Elaborada por el propio autor.)

En materia de parar las situaciones de intimidación, 14% declara que *nadie detiene los abusos*; 38% indica que *es algún profesor*; mientras que 14% sostiene que *es algún otro compañero*. Cuando a los entrevistados se les pregunta qué hacen cuando son víctima de intimidación, 10% declara que *no habla con nadie*; 19% *habla con sus profesores*; 24% *habla con su familia*; 14% *habla con sus compañeros* (fig. 5.7).

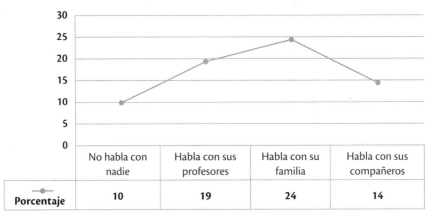

Figura 5.7. Acciones ante el abuso e intimidación. (Fuente: Elaborada por el propio autor.)

Reproducción del abuso

Los entrevistados exponen ante el cuestionamiento de que si ellos serían capaces de intimidar a otros, 43% indica que *nunca*; 26% *no lo sabe*; 28% opina que *sí, sólo si son provocados*; y 1% indica que *sí, si sus amigos lo hacen*. En el caso de los entrevistados que reconocieron que han intimidado a otros, 24% señaló que *nadie le ha dicho nada*; 9% *les han llamado la atención sus profesores*; 5% *la familia les ha llamado la atención*; 3% *los compañeros le han llamado la atención*. Al preguntarles si han participado en situaciones de intimidación, 21% reconoce *haberlo hecho pero no tiene claro el porqué lo hizo*; 13% reconoce que *lo hizo porque lo provocaron*; 1% aceptan que *es porque son distintos a él y son más débiles*; 8% lo hizo *por molestar simplemente*; 7% *por hacer una broma*. En relación con las prácticas más frecuentes de intimidación, 29% reconoció que son *el poner apodos y el dejar en ridículo*; 19% indica que *son las prácticas orientadas a hacer algún daño físico, como puede ser el pegar, dar patadas o el empujar*; 13% expone que son *las amena-*

zas; 4 % indica que es *el rechazo, el aislamiento y el no juntarse (ley del hielo)*; finalmente, 2 % reconoce que *el robo es la práctica más frecuente.*

Intimidación

La frecuencia con la que se dan las intimidaciones en el contexto educativo, según los entrevistados, 55 % argumentó que *pocas veces,* mientras que 22 % reconoció que *muchas veces* se presentan. De igual manera, al interrogarlos sobre las veces que han participado en intimidaciones, 36 % aceptó haberlo hecho *pocas veces*; mientras que 3 % asegura que *muchas veces lo ha efectuado.*

Al preguntarles sobre qué piensan de las personas que intimidan a otros, 23 % contestó *que nada, no les interesa*; 70 % que *les parece mal*; 6 % que *es normal que pase eso entre compañeros*; y 1 % indicó que *hacen bien, tendrán sus motivos.* De igual manera al cuestionar a los entrevistados respecto a por qué creen que algunas personas intimidan a otras, 37 % *no sabe por qué*; 17 % considera que *es porque se meten con ellos*; 21 % porque *son más fuertes*; y 21 % *por hacer una broma.*

Acciones contra el abuso

Al preguntárseles a los entrevistados sobre qué hacen cuando un compañero intimida a otro, 17 % indicó que *nada, no le interesa*; 39 % *nada, aunque cree que debería hacer algo*; 32 % *avisa a alguien que pueda detener la situación*; y 9 % asegura que *intenta parar la situación personalmente.* Cabe destacar que 80 % de los entrevistados considera que *sí habría formas de solucionar los problemas de intimidación en su contexto educativo, mediante la participación de los profesores, las familias y los compañeros de clase* (cuadro 5.3). Finalmente, los entrevistados externaron su preocupación por la presencia de la intimidación dentro de su contexto educativo, indicando de manera textual que:

> "En mi salón hay una niña que molesta"; "en tu casa te maltratan, tú quieres hacer lo mismo en la escuela"; "está muy mal que los compañeros abusen de los demás niños"; "mi profesor se enoja si le digo a mi mamá lo que me hacen"; "no deben pelear con compañeros ni maestros ni familia"; "por qué nos tienen que molestar"; "por qué pasa esto"; "qué harán con ellos"; "que hay algunos compañeros muy inmaduros para estar en 3o. de secundaria"; "qué van hacer con esos niños y niñas"; "yo los intimido porque me molestan o por defender a un amigo"; y "yo me molesto porque me ponen apodos".

Cuadro 5.3. Acciones contra la intimidación y abuso (en palabras de los propios entrevistados).

Acciones de profesores	Acciones de familias	Acciones de compañeros
Arreglar las cosas; avisar a los profesores para que ayuden a la persona que es intimidada; ayudar a los niños que son agredidos; buscar ayuda; calmar todo lo que sucede en la escuela; corregir a los alumnos y regañarlos; deberían hacer algo para estar más al pendiente de los alumnos; decir algo; decirle a los profesores; decirles que no lo hagan; enseñarnos cosas; estar más atento con los alumnos; estar más informados; eviten alguna violencia; explicarles; explicarles lo que pasa; explicarles lo que pasa para que detengan la situación; expulsarlos al menos 4 días; hablar con los alumnos; hablar con los alumnos que eso es peligroso; hablar con los estudiantes; hablar con los padres de familia; hablar con los padres de familia de los niños que se portan mal; hablar con los padres de ambos niños; hablar con los papás y correrlos de la escuela; hablar con nosotros; hablar con sus papás y que les digan algo; hacer conferencias; suspender a la persona; llamar a los padres; llamar la atención a los padres y platicar con la familia del niño; llamarles la atención; no enojarse; no permitir	Apoyarlo en todo y nunca dejarlo sólo; arreglar el problema; calmar todo lo que sucede en la casa; cambiar de escuela al niño molestado; castigando a los hijos sin ver tele; castigarnos; contarle a mi familia que me intimidan; cuidarlos bien y hablar con ellos; cuidarnos; deben hablar con sus hijos; decir todo lo que nos pasa y hablar con sus hijos; decirle a la mamá del niño; decirles a tus padres lo que pasa; decirles algo; decirnos que no debemos hacer eso; explicarle a mi mamá lo que pasa en la escuela; explicarles que no se dejen que los maltraten de esa manera; hablar con ellos; hablar con ellos, preguntarles si tienen problemas y aconsejarlos; hablar con ellos y decirles que está mal; hablar con los hijos; hablar con los padres del agresor; hablar con los profesores sobre la intimidación; hablar con nosotros; hablar con su familia para que entienda las razones; hablar todos juntos en familia; los padres deben hablar con los hijos; mi mamá no me deja salir a la calle; no	Acudir con sus padres o profesores; acusarlos con alguien mayor; algunos separarlos; avisarle al profesor; avisarle a algún profesor; ayudar a los compañeros; ayudarlos; ayudarlos en lo que se pueda; calmar todo lo que sucede en nosotros; darle su apoyo; debemos respetarnos unos a otros; decir que se defiendan; decirle a la maestra; decirle a la maestra o alguna persona grande lo que está sucediendo; decirle a un profesor lo que sucede; decirle al profesor y algún familiar; decirles que no se dejen que hablen con alguien; decirles que ya no hagan eso; decirles que ya no lo hagan y que está mal; evitar las peleas y hacer enojar a los demás; hablar con ellos y decirles que está mal; hablar entre compañeros; hacer algo; llevarse bien; llevarse bien entre ellos; nada; no buscar pleito; no decir nada a los demás; no lo hagan; no meterse; no meterse con alguien por ningún motivo; no provocarlos para que nos insulten; no seguir su ejemplo y ayudarlos; no ser tan violentos; no tenerles miedo; pensar antes de hacerlo; platicar

que nos peguen; no salir del salón; parar la situación; parar la situación con los niños; platicar sobre eso que es malo; poner atención y hacer algo porque no hacen nada; poner más atención; poner un alto a la situación; ponerle un alto a la situación y que estén más al pendiente; ponerles un castigo; ponerles un alto con un regaño o un castigo; ponerles un reporte a los que intimidan a otros; ponerles una sanción o un regaño; pongan más atención; que anden checando; que deben ser más atentos; que detengan a esos que intimidan; que ellos intervengan y castiguen; que estén más al pendiente; que expulsen a los niños que molesten; que hablen con los papás del que presenta intimidación; que hagan algo; que les digan algo; que nos deben cuidar; que pare la situación; que pongan un alto; que vi-gilen en el salón, que no haya nadie que maltrate a ningún compañero; regañarlos y castigarlos; regañarlos y mandarlos a prefectura para que sepan que no se debe hacer; separarlos; ver que estén más atentos con los alumnos.

discutir; platicar con ellos; platicar con los hijos; platicar con mi familia; platicar con nuestras familias; platicar con sus hijos y ponerles atención; platicar los problemas; platicar sobre el tema; poner más atención en nosotros; poner un alto y un castigo; ponerle atención a sus hijos y llamarles la atención; preocuparse por los hijos y platicar al respecto; protegernos; pueden hablar con los maestros y decirles que se respeten; que castiguen a sus hijos por alguna violencia; que deberían poner una demanda y también a sus padres; que ellos vengan a reclamar por qué lo hicieron; que hablen con él sobre la intimidación; que hablen con ellos; que hablen con los hijos, que eso no se hace; que hablen con los hijos; que hablen con sus hijos; que lo apoyen y lo ayuden si tiene ese problema; que su mamá los regañe; quejarse con la directora; quejarse y hacer una junta por esos problemas; regañarlo y no buscar pleito; regañarlos y buscar ayuda.

y solucionar el problema; portarse bien; que algunos sean fuertes no les da derecho a intimidar; que avisen y no sean llevados; que avisen a un profesor; que les digan que está mal lo que hacen; que no dejen que los intimiden los demás; que no lo hagan; que no lo hagan porque es malo; que no se dejen; que no se peleen; que se respeten a ellos mismos; que te ayuden a solucionar el problema; que no se peleen más; que ya no intimiden; que ya no se peleen; que ya no vuelva a suceder; quejarse; respetarnos; respetarnos unos a otros; respeto entre los mismos; se pueden causar algún daño; se pueden someter a un daño; ser y no dejarse; tratar de respetarnos; ya no maltratarlos.

FUENTE: Elaborada por el propio autor.

INTIMIDACIÓN DENTRO DE LOS CONTEXTOS EDUCATIVOS (PREPARATORIAS Y FACULTADES DE LA UA DE C)

Durante el mes de septiembre de 2009 se aplicó la Encuesta Programa Vida Saludable/Adicciones, con una muestra de 474 alumnos de todos los institutos, escuelas de bachillerato y facultades de las tres Unidades Académicas (Unidad Saltillo, Torreón y Norte) de la Universidad Autónoma de Coahuila (UA de C) (González y Souza, 2009). Entre los resultados más relevantes destacan: 20% manifestó *haber sido objeto de algún tipo de abuso por parte de la pareja o de otra persona*; 18% aceptó *haber sido humillado(a) por parte de la pareja o de otra persona*; 5% reconoció *haber padecido violencia por parte de su pareja*; 3% indicó *que su pareja le amenaza con golpes o con matarle si termina con la relación*; 11% manifestó que *su pareja y/o compañeros de clase lo(a) insultan y le ofenden*; 9% acepta que *existe violencia física y/o psicológica en su dinámica familiar*; mientras que 6% reconoce que *la violencia ha aumentado en los últimos meses en su familia*; finalmente, 11% manifiesta que *durante el trato con los padres o hermanos es víctima de humillaciones* (fig. 5.8).

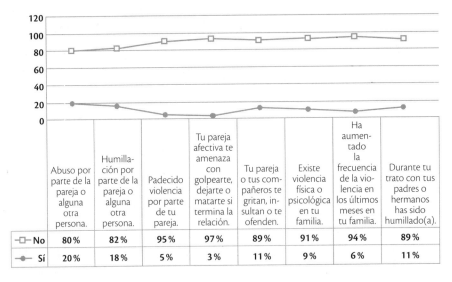

	Abuso por parte de la pareja o alguna otra persona.	Humillación por parte de la pareja o alguna otra persona.	Padecido violencia por parte de tu pareja.	Tu pareja afectiva te amenaza con golpearte, dejarte o matarte si termina la relación.	Tu pareja o tus compañeros te gritan, insultan o te ofenden.	Existe violencia física o psicológica en tu familia.	Ha aumentado la frecuencia de la violencia en los últimos meses en tu familia.	Durante tu trato con tus padres o hermanos has sido humillado(a).
No	80%	82%	95%	97%	89%	91%	94%	89%
Sí	20%	18%	5%	3%	11%	9%	6%	11%

Figura 5.8. Clima de violencia e intimidación en bachillerato y facultades de la UA de C. (Fuente: González y Souza, 2009).

En relación con el clima de violencia e intimidación por género en bachilleratos y facultades el mayor porcentaje se presenta en el género femenino, reconociendo 52 % de las mujeres haberse sentido *alguna vez abusada por su pareja*; mientras que en el caso de 47 % de ellas denotó *recibir por parte de su pareja humillaciones*; 13 % expone que *ha aumentado la frecuencia de la violencia en los últimos meses*; 9 % indica que *su pareja la amenaza frecuentemente con gopearle o hasta matarla*; 27 % *es víctima de gritos y agresiones*; 22 % presenta *violencia en su familia*; mientras que 16 % reconoce *haber aumentado la violencia en los últimos meses en su familia*; finalmente, 28 % reconoce *haber sido humillada por sus padres y hermanos* (fig. 5.9).

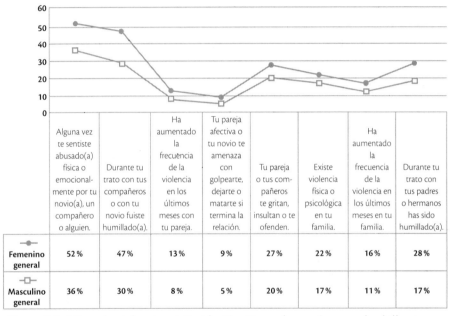

	Alguna vez te sentiste abusado(a) física o emocionalmente por tu novio(a), un compañero o alguien.	Durante tu trato con tus compañeros o con tu novio fuiste humillado(a).	Ha aumentado la frecuencia de la violencia en los últimos meses con tu pareja.	Tu pareja afectiva o tu novio te amenaza con golpearte, dejarte o matarte si termina la relación.	Tu pareja o tus compañeros te gritan, insultan o te ofenden.	Existe violencia física o psicológica en tu familia.	Ha aumentado la frecuencia de la violencia en los últimos meses en tu familia.	Durante tu trato con tus padres o hermanos has sido humillado(a).
●— Femenino general	52 %	47 %	13 %	9 %	27 %	22 %	16 %	28 %
□— Masculino general	36 %	30 %	8 %	5 %	20 %	17 %	11 %	17 %

Figura 5.9. Clima de violencia e intimidación: General por género en bachilleratos y/o facultades de la UA de C. (Fuente: González y Souza, 2009).

El clima de violencia e intimidación por género en bachilleratos, Unidad Norte, en mayor porcentaje se presenta en el género femenino, reconociendo 18 % de las mujeres haberse sentido *alguna vez abusada por su pareja*; 17 % indicó *recibir por parte de su pareja humillaciones*; 17 % indica que *su pareja la amenaza frecuentemente con golpearle o hasta matarla*; finalmente, 12 % reconoce *haber sido humillada por sus padres y hermanos* (fig. 5.10).

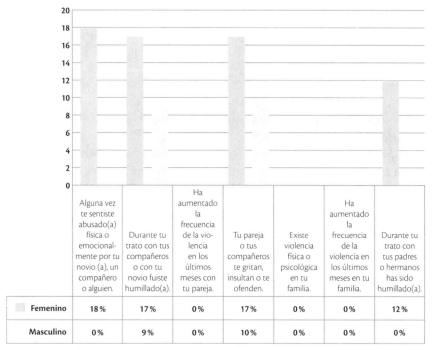

	Alguna vez te sentiste abusado(a) física o emocionalmente por tu novio (a), un compañero o alguien.	Durante tu trato con tus compañeros o con tu novio fuiste humillado(a).	Ha aumentado la frecuencia de la violencia en los últimos meses con tu pareja.	Tu pareja o tus compañeros te gritan, insultan o te ofenden.	Existe violencia física o psicológica en tu familia.	Ha aumentado la frecuencia de la violencia en los últimos meses en tu familia.	Durante tu trato con tus padres o hermanos has sido humillado(a).
Femenino	18 %	17 %	0 %	17 %	0 %	0 %	12 %
Masculino	0 %	9 %	0 %	10 %	0 %	0 %	0 %

Figura 5.10. Clima de violencia e intimidación por género en bachilleratos, Unidad Norte (UA de C). (Fuente: González y Souza, 2009).

El clima de violencia e intimidación por género en facultades, Unidad Norte, el mayor porcentaje se presenta en el género femenino, reconociendo 14 % de las mujeres haberse sentido *alguna vez abusada por su pareja*; mientras que en el caso de 9 % de ellas señaló *recibir por parte de su pareja humillaciones*; 4 % expone que *ha aumentado la frecuencia de la violencia en los últimos meses*; 4 % indica que *su pareja la amenaza frecuentemente con golpearle o hasta matarla*; 4 % reconoce *haber aumentado la violencia en los últimos meses en su familia*; finalmente, 9 % reconoce *haber sido humillada por sus padres y hermanos* (fig. 5.11).

El clima de violencia e intimidación por género en bachilleratos, Unidad Torreón, se presenta el mayor porcentaje en el género femenino, reconociendo 44 % de las mujeres haberse *sentido alguna vez abusada por su pareja*; 31 % de ellas aceptó *recibir por parte de su pareja humillaciones*; 5 % expone que *ha aumentado la frecuencia de la violencia en los últimos meses*; 13 % indica que *su pareja la amenaza frecuentemente con golpearle o hasta matarla*; 18 % presenta *violencia en su familia*; mientras que 18 % reconoce *haber aumentado la violencia en los últimos*

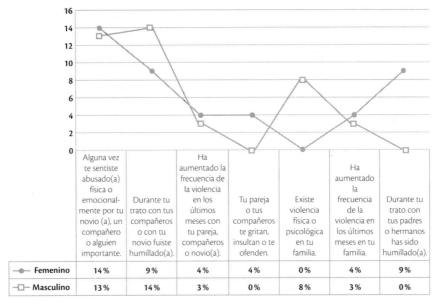

	Alguna vez te sentiste abusado(a) física o emocional-mente por tu novio (a), un compañero o alguien importante.	Durante tu trato con tus compañeros o con tu novio fuiste humillado(a).	Ha aumentado la frecuencia de la violencia en los últimos meses con tu pareja, compañeros o novio(a).	Tu pareja o tus compañeros te gritan, insultan o te ofenden.	Existe violencia física o psicológica en tu familia.	Ha aumentado la frecuencia de la violencia en los últimos meses en tu familia.	Durante tu trato con tus padres o hermanos has sido humillado(a).
●— Femenino	14 %	9 %	4 %	4 %	0 %	4 %	9 %
□— Masculino	13 %	14 %	3 %	0 %	8 %	3 %	0 %

Figura 5.11. Clima de violencia e intimidación por género, en facultades, Unidad Norte (UA de C). (FUENTE: González y Souza, 2009).

meses en su familia; finalmente, 17 % reconocen *haber sido humillada por sus padres y hermanos* (fig. 5.12).

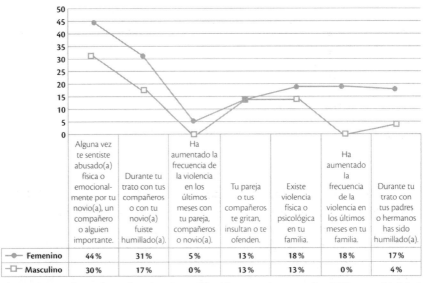

	Alguna vez te sentiste abusado(a) física o emocional-mente por tu novio(a), un compañero o alguien importante.	Durante tu trato con tus compañeros o con tu novio(a) fuiste humillado(a).	Ha aumentado la frecuencia de la violencia en los últimos meses con tu pareja, compañeros o novio(a).	Tu pareja o tus compañeros te gritan, insultan o te ofenden.	Existe violencia física o psicológica en tu familia.	Ha aumentado la frecuencia de la violencia en los últimos meses en tu familia.	Durante tu trato con tus padres o hermanos has sido humillado(a).
●— Femenino	44 %	31 %	5 %	13 %	18 %	18 %	17 %
□— Masculino	30 %	17 %	0 %	13 %	13 %	0 %	4 %

Figura 5.12. Clima de violencia e intimidación por género en bachilleratos, Unidad Torreón (UA de C). (FUENTE: González y Souza, 2009).

El clima de violencia e intimidación por género en facultades, Unidad Torreón, se presenta en mayor porcentaje en el género femenino, reconociendo 22 % de las mujeres haberse *sentido alguna vez abusada por su pareja*; 21 % de ellas aceptó *recibir por parte de su pareja humillaciones*; 7 % expone que *ha aumentado la frecuencia de la violencia en los últimos meses*; 13 % indica que *su pareja la amenaza frecuentemente con golpearle o hasta matarla*; 10 % presenta *violencia en su familia*; mientras que 7 % reconoce *haber aumentado la violencia en los últimos meses en su familia*; finalmente, 10 % reconoce *haber sido humillada por sus padres y hermanos* (fig. 5.13).

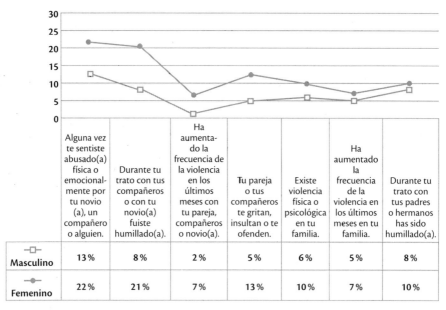

	Alguna vez te sentiste abusado(a) física o emocionalmente por tu novio (a), un compañero o alguien.	Durante tu trato con tus compañeros o con tu novio(a) fuiste humillado(a).	Ha aumenta-do la frecuencia de la violencia en los últimos meses con tu pareja, compañeros o novio(a).	Tu pareja o tus compañeros te gritan, insultan o te ofenden.	Existe violencia física o psicológica en tu familia.	Ha aumentado la frecuencia de la violencia en los últimos meses en tu familia.	Durante tu trato con tus padres o hermanos has sido humillado(a).
—□— Masculino	13 %	8 %	2 %	5 %	6 %	5 %	8 %
—●— Femenino	22 %	21 %	7 %	13 %	10 %	7 %	10 %

Figura 5.13. Clima de violencia e intimidación por género en facultades, Unidad Torreón (UA de C). (Fuente: González y Souza, 2009).

El clima de violencia e intimidación por género en bachilleratos, Unidad Saltillo, se presenta el mayor porcentaje en el género femenino, reconociendo 24 % de las mujeres *haberse sentido alguna vez abusada por su pareja*; 27 % de ellas aceptó *recibir por parte de su pareja humillaciones*; 16 % indica que *su pareja la amenaza frecuentemente con golpearle o hasta matarla*; 19 % presenta *violencia en su familia*; mientras que 11 % reconoce *haber aumentado la violencia en los últimos meses en su familia;* finalmente, 19% reconoce *haber sido humillada por sus padres y hermanos* (fig. 5.14).

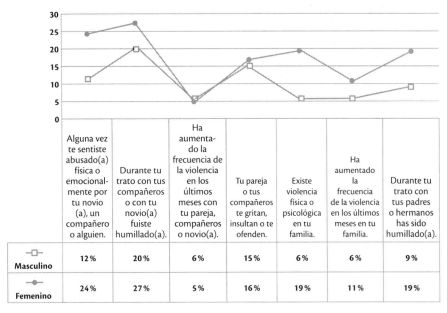

	Alguna vez te sentiste abusado(a) física o emocionalmente por tu novio (a), un compañero o alguien.	Durante tu trato con tus compañeros o con tu novio(a) fuiste humillado(a).	Ha aumentado la frecuencia de la violencia en los últimos meses con tu pareja, compañeros o novio(a).	Tu pareja o tus compañeros te gritan, insultan o te ofenden.	Existe violencia física o psicológica en tu familia.	Ha aumentado la frecuencia de la violencia en los últimos meses en tu familia.	Durante tu trato con tus padres o hermanos has sido humillado(a).
Masculino	12%	20%	6%	15%	6%	6%	9%
Femenino	24%	27%	5%	16%	19%	11%	19%

Figura 5.14. Clima de violencia e intimidación por género en bachilleratos, Unidad Saltillo (UA de C). (Fuente: González y Souza, 2009).

El clima de violencia e intimidación por género en facultades, Unidad Saltillo, se presenta el mayor porcentaje en el género femenino, reconociendo 17% de las mujeres *haberse sentido alguna vez abusada por su pareja;* 18% de ellas aceptaron *recibir por parte de su pareja humillaciones;* 8% expone que *ha aumentado la frecuencia de la violencia en los últimos meses;* 8% presenta *violencia en su familia;* finalmente, 11% reconoce *haber sido humillada por sus padres y hermanos* (fig. 5.15).

Los más vulnerables

Según los estudios expuestos, la población de mayor vulnerabilidad en el caso de las primarias y secundarias es el género masculino (17% de los entrevistados), en comparación con el nivel de preparatorias y facultades, donde en síntesis se puede señalar que al comparar las tres

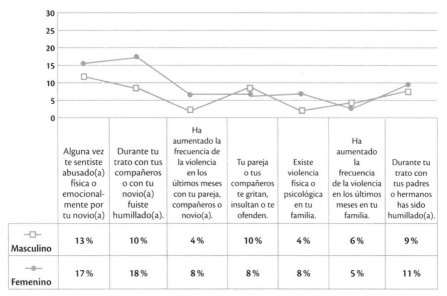

	Alguna vez te sentiste abusado(a) física o emocional- mente por tu novio(a)	Durante tu trato con tus compañeros o con tu novio(a) fuiste humillado(a).	Ha aumentado la frecuencia de la violencia en los últimos meses con tu pareja, compañeros o novio(a).	Tu pareja o tus compañeros te gritan, insultan o te ofenden.	Existe violencia física o psicológica en tu familia.	Ha aumentado la frecuencia de la violencia en los últimos meses en tu familia.	Durante tu trato con tus padres o hermanos has sido humillado(a).
—▢— Masculino	13 %	10 %	4 %	10 %	4 %	6 %	9 %
—●— Femenino	17 %	18 %	8 %	8 %	8 %	5 %	11 %

Figura 5.15. Clima de violencia e intimidación por género en facultades, Unidad Saltillo (UA de C). (Fuente: González y Souza, 2009).

unidades académicas en los bachilleratos y facultades, en la Unidad To-rreón, es el contexto donde se genera la mayor concentración de clima de violencia, padeciéndolo en mayor medida las mujeres (fig. 5.16).

Tales estudios comprueban al menos parcialmente (en niveles educativos específicos, primaria y secundaria) las premisas de Olweus (1998), quien destaca que la agresión física es más frecuente entre varones, ya que las mujeres utilizan formas de maltrato más indirec-tas, como la difamación, el rumor, la manipulación de las relaciones de amistad, entre otras, por esta razón el bullying entre las mujeres es menos visible que entre los hombres. Sin embargo, para los niveles de bachillerato y nivel superior no es de la misma manera. Avilés (2010) comenta que tal situación se puede presentar debido a los rasgos de las víctimas, las cuales cuentan con una fuerza física menor que el resto, esto implica que los hombres más fuertes utilicen su superio-ridad física para intimidar, condición que explica el porqué en los niveles educativos superiores se generan dichas tendencias de clima de violencia, atentando en mayor proporción a las mujeres.

Dichos hallazgos ofrecen todo un panorama de efectos tentativos que se están generando y desarrollando en la población estudiantil, los cuales, en palabras de Ccoicca (2010), cuando el niño sufre de bullying suele terminar aceptando que es un mal estudiante, un mal compañero, incapaz de valerse por sí solo. Esto genera un sentimiento de culpa que afecta su autoestima y, por ende, el autoconcepto que se va formando de sí mismo, lo que representa un impacto devastador para su desarrollo y maduración psicológica. De este modo, un niño normal o incluso brillante puede pasar a ser una sombra de lo que fue en la medida en que ha sido expuesto a climas de bullying. Motivos necesarios para el diseño de propuestas orientadas a atenuar los efectos en los contextos educativos, generados a partir de sus propias racionalidades y recursos, los cuales permitan además, la disminución de la presencia de bravucones en cualquier nivel educativo.

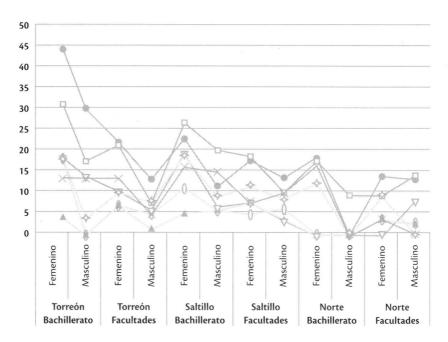

Figura 5.16. Clima de violencia e intimidación: Concentrado general. (Fuente: González y Souza, 2009).

6

Manual del perfecto bravucón (modelos de prevención)

Como se ha señalado, los problemas de bullying no ocurren en un coto de poder aislado del resto de las relaciones sociales que viven los niños y jóvenes, sino que están en perfecta sintonía con el ambiente social y cultural con el que se relacionan. Según Castillo y Pacheco (2008) las instituciones escolares se muestran ciegas, ante ello y lejos de proponer una sociedad mejor a sus alumnos, reproducen automáticamente y fuera de toda conciencia las relaciones de poder que le circundan. Los propios autores destacan la presencia y proliferación en los contextos educativos de las faltas de respeto, los abusos, los malos tratos, los daños a la propiedad ajena, la ley del más fuerte, etcétera.

Ortega, Del Rey y Mora (2001) describen que el fenómeno del bullying adquiere cada día mayor dimensión como problema social, por lo que se está convirtiendo en objeto de preocupación no sólo de investigadores y docentes, sino de administraciones educativas que, finalmente, parecen empezar a adoptar medidas de intervención para atenuar una situación que no deja de ser compleja y difícil de definir por distintas razones.[1]

---

[1] Como puede ser la falta de consenso sobre la naturaleza de dicho fenómeno y las posibilidades reales que se tienen para afrontarlo a través de modelos preventivos o de atención a sus secuelas.

CÓMO IDENTIFICAR EL BULLYING

Piñuel (2007) precisa que dicha labor se puede conseguir en la medida en que se identifique la presencia del bullying con mayor precisión, proponiendo tres *criterios diagnósticos* comúnmente aceptados por los investigadores europeos, que sirven para dilucidar si se está o no ante casos de bullying, como son: *a*) la existencia de una o más de las conductas de hostigamiento y violencia en la escuela; *b*) la repetición de la conducta que ha de ser evaluada por quien la padece como no accidental, sino como parte de algo que le espera sistemáticamente en el entorno escolar en la relación con aquellos que le acosan; y *c*) la duración en el tiempo, con el establecimiento de un proceso que va a ir consumiendo la resistencia del niño y afectando significativamente todos los aspectos de su vida (académico, afectivo, emocional, familiar).

Según Ccoicca (2010), la presencia de estas tres características acredita la existencia de un niño sometido a un cuadro de acoso psicológico en la escuela o acoso escolar. El autor destaca con respecto al lugar donde se desarrolla el bullying, que éste no se ve delimitado por las definiciones del espacio donde se producen las agresiones, es decir, que puede ser en cualquier sitio, al igual que los medios utilizados para las agresiones. Así como tampoco es requisito el contacto directo entre víctima y agresor en un determinado espacio, como sucede en el *ciberbullying* (acoso indirecto y anónimo). Se puede dar dentro y fuera del ambiente escolar, pero ambas partes siempre deben pertenecer al mismo centro.

Este autor distingue que las conductas frecuentes del bullying se derivan de un comportamiento de persecución y hostigamiento continuado y persistente que se materializa en ocho tipos de conductas, como son: *a*) comportamientos de desprecio y ridiculización; *b*) coacciones; *c*) restricción de la comunicación y ninguneo; *d*) agresiones físicas; *e*) comportamientos de intimidación y amenaza; *f*) comportamientos de exclusión y de bloqueo social; *g*) comportamientos de maltrato y hostigamiento verbal; *h*) robos, extorsiones, chantajes y deterioro de pertenencias (Ccoicca, 2010).

Piñuel (2007) agrega que entre las fases del bullying se encuentran habitualmente cinco: *a*) incidentes críticos; *b*) acoso y estigmatización del niño; *c*) latencia y generación del daño psicológico; *d*) manifestaciones somáticas y psicológicas graves; *e*) expulsión o autoexclusión de la víctima. Señala que entre las principales características básicas del bullying destacan: *a*) la presencia de una víctima indefensa acosada por uno o varios agresores con intencionalidad mantenida de hacer daño; *b*) existe crueldad por hacer sufrir conscientemente; *c*) hay una desigualdad de poder entre una víctima débil y uno o varios agresores más fuertes física, psicológica o socialmente; *d*) debe existir una desigualdad de poder y desequilibrio de fuerzas; *e*) la conducta violenta del agresor contra su víctima se produce con periodicidad y la relación dominio-sumisión ha de ser persistente en el tiempo; *f*) el objetivo de la intimidación suele ser un solo alumno; *g*) la intimidación puede darse en solitario o en grupo, pero se intimida a sujetos concretos.

Algunas consideraciones de riesgo

Según Ccoicca (2010) el perfil de riesgo para convertirse en víctima o agresor, en cada una de las partes involucradas en la conducta de agresión entre pares, parecen reunir un perfil o una serie de características personales que están asociadas con la permanencia de esas conductas. La mayor parte de las investigaciones se han realizado (véase cuadro 1.2) para analizar e identificar estas características del agresor y la víctima, con la finalidad de intervenir preventivamente con los alumnos que presenten ciertos perfiles de riesgo antes de que se impliquen en un problema de bullying. A continuación se destacan algunas de las características más importantes del perfil de riesgo para convertirse en víctima y agresor de bullying (cuadro 6.1), así como algunos indicadores (cuadro 6.2).

Díaz (2005) agrega en relación con el perfil de los agresores, la presencia de ciertas características observadas con más frecuencia, como pueden ser: *a*) una situación social negativa (aunque tienen algunos amigos que les siguen en su conducta violenta; una acentuada tendencia a abusar de su fuerza, suelen ser físicamente más fuertes que los demás; *b*) son impulsivos, con escasas habilidades sociales, baja tolerancia a la frustración, dificultad para cumplir normas, relaciones negativas con los adultos y bajo rendimiento, problemas que se incrementan con la edad; *c*) tienen dificultad de autocrítica; *d*) baja o alta autoestima. Entre los principales antecedentes familiares suelen destacarse: la ausencia de una relación afectiva cálida y segura por parte de los padres, y especialmente por parte de la madre, que manifiesta actitudes negativas o escasa disponibilidad para atender al niño; y fuertes dificultades para enseñar a respetar límites, combinando la permisividad ante conductas antisociales con el frecuente empleo de métodos coercitivos autoritarios, utilizando en muchos casos el castigo físico (Acevedo, 2010; 2011; Olweus, 1993).

Cuadro 6.1. Perfil de riesgo para ser víctima o agresor.

Perfil víctima de bullying	*Perfil del agresor o acosador*
1. Tener baja popularidad entre sus compañeros, con los que no logra tener buenas relaciones y es rechazado como para no recibir ayuda de ellos en situaciones de maltrato.	1. Gozar de mayor popularidad y apoyo, pero con sentimientos ambivalentes de respeto o miedo.
2. Sentimientos de culpabilidad, lo que le imposibilita comunicar su situación a los demás.	2. Temperamento impulsivo y agresivo, ira incontrolada.
3. Sentimientos de soledad, marginación y rechazo.	3. Muchos proceden de hogares que se caracterizan por su alta agresividad, violencia y falta de comunicación y cariño entre la familia.
4. Muchos miedos, que le generan angustia y ansiedad.	4. Tienen complejos con necesidad de autoafirmación.
5. Temperamento débil y tímido. Falta de asertividad y seguridad.	5. Falta de normas y conductas claras y constantes en la familia que no le pone límites ni lo controla.
6. Baja autoestima.	6. Tiene comportamientos agresivos con los miembros de la familia.
7. Tendencia a la depresión.	7. Carece de sentimientos de culpabilidad.
8. El estrés, la ansiedad, la angustia y el miedo pueden llegar a causarle ataques de pánico.	8. Falta de responsabilidad y tendencia a culpar a los demás.
9. Tendencia a somatizar; pueden fingir enfermedades e incluso provocarlas por su estado de estrés.	9. No respeta a la autoridad y transgrede las normas.
10. Aceptación pasiva de la frustración y el sufrimiento, incapacidad para hacer una confrontación, generar competitividad, venganza o agresión.	10. Mal estudiante y sin motivación hacia los estudios, baja autoestima académica.
11. Sobreprotección de la familia con carencia de habilidades para enfrentarse al mundo. Dependencia emocional.	11. Necesidad de sentirse autoafirmado y miedo a la soledad, pero las relaciones sociales las interpreta en términos de poder-sumisión.
12. Gestos, postura corporal, falta de simpatía y dificultades para la interpretación del discurso entre iguales, con características que les ubican en el punto de mira de los agresores.	12. Consume alcohol y otras drogas.
13. Creencias irracionales, como creer en los horóscopos.	13. En general, los agresores suelen ser fuertes físicamente, impulsivos, dominantes con conductas antisociales y poco empáticos con sus víctimas.

Fuente: Ccoicca (2010).

Cuadro 6.2. Indicadores para ser víctima o agresor.

Indicadores de observación para la identificación de las víctimas	*Indicadores de observación para los acosadores*
1. Conductas de miedo, huida y evitación.	1. Conductas manifiestas de agresión física.
2. Conductas públicas que expresan inseguridad.	2. Conductas manifiestas de agresión psicológica.
3. Bajo rendimiento académico.	3. Conductas manifiestas de agresión verbal.
4. Conductas ansiosas y depresivas.	4. Conductas manifiestas de exclusión social.
5. Conductas problemáticas.	5. Tiene comportamiento agresivo con miembros de la familia.
6. Conductas concretas.	6. Agrede físicamente a sus compañeros.
7. Comienza a faltar a clases de forma repentina.	7. Rompe, esconde, desordena y roba cosas ajenas.
8. Espera a que no haya nadie para llegar o salir de la escuela.	8. Actúa en grupo para fastidiar a otros compañeros.
9. Escoge rutas inusuales para desplazarse.	9. Resalta constantemente defectos físicos de sus compañeros.
10. Se aísla socialmente.	10. Humilla y ridiculiza a sus compañeros.
11. Evita hablar de temas relacionados con el colegio.	11. Es intolerante con los demás.
12. Busca la cercanía de los adultos en los recreos y lugares comunes de la escuela.	12. Mal humor y estados de ánimo alterados.
13. Se ubica en lugares alejados del resto de los alumnos.	13. Chantajea y amenaza.
14. Busca amigos y compañeros de menor edad.	14. Insulta.
15. Descenso del rendimiento académico.	15. Se burla.
16. Dificultades de atención y concentración.	16. Habla mal de otros y calumnia.
17. Muy sensible.	17. Discrimina a sus compañeros.
18. Estados de ánimo inestables (depresión, mal humor, mutismo).	18. Hace el vacío ignorando a sus compañeros.
19. Irascibilidad.	19. Influye en sus compañeros para marginar a alguien.
20. Somatizaciones diversas.	20. Ignora los derechos de los demás.
21. Agarra dinero de casa para saldar deudas.	21. Es autoritario, consigue sus objetivos utilizando la agresión verbal, física o psicológica.
22. Agresividad con sus menores.	22. Es impulsivo, no controla sus reacciones.
23. En casos extremos ideaciones suicidas.	
24. Recibe llamadas misteriosas que le ponen nervioso.	

FUENTE: Ccoicca (2010).

Por su parte Luciano, Marín y Yuli (2008) hacen una distinción entre los niños que presentan "probable bullying" (PB) y los que "No sufren bullying" (NSB). Destacan que los *PB* son niños a los cuales la exposición reiterada a la violencia física, verbal o emocional por parte de sus compañeros les provoca un malestar significativo y de intensidad considerable, que si permanece inalterable durante un tiempo prolongado, es probable que aquél se convierta en una víctima del hostigamiento ejercido por alguno de sus compañeros. Mientras que los *NSB* son niños que no son objeto de violencia por parte de sus compañeros o que, pese a ser víctimas de ésta en ciertas ocasiones por diversos motivos, no implica para ellos tensión, angustia o sufrimiento.

MODELOS DE INTERVENCIÓN

Las vías de acción frente a las situaciones de violencia escolar son y han sido muy variadas, en muchas ocasiones los métodos empleados estuvieron relacionados con el sostenimiento de una política represiva de esos hechos. En Francia, por ejemplo, desde el año 2000 se han venido implementando controles policiales a la entrada y salida de los establecimientos. Sin llegar a estas medidas de corte represivo, en la mayor parte de los países suele ponerse el acento en lo punible del hecho violento, con una escala de sanciones que equivale a la escala de clasificación de las conductas agresivas (Belinco, 2006).

Belinco (2006) indica que se debe empezar a pensar en formas alternativas, en el sentido de lo que Ander-Egg (1995) denomina innovaciones educativas: "...nuevas soluciones a viejos problemas, mediante estrategias de transformación o renovación expresamente planificadas. O bien, introducir nuevos modos de actuar frente a prácticas pedagógicas que aparecen como inadecuadas o ineficaces". Expone que es necesario que los docentes adquieran las capacidades que hoy no tienen para enfrentarse a las nuevas realidades, muchas veces alarmantes, muchas veces terribles. En este aspecto, la capacitación es una herramienta absolutamente imprescindible, pero no suficiente.

Avilés (2006) agrega que es preciso brindar espacios donde los protagonistas puedan compartir sus opiniones, creencias, sentimientos y emociones –las explicaciones de los agresores, los sentimientos de las víctimas y el compromiso de los testigos en la resolución–; es preciso que tomen conciencia de las situaciones de maltrato, las acoten, identifiquen y definan, desvelando los prejuicios y las actitudes contradictorias de quienes se ven implicados.

Sin embargo, como señala Avilés (2010), en ocasiones no es fácil actuar, ya que cuando se advierte la presencia del bullying y su existencia latente durante mucho tiempo, el silencio es y ha sido su mayor nutriente. El propio autor destaca que son muchos los ámbitos implicados más allá de los protagonistas, indicando que se necesita cambiar de actitudes sobre el fenómeno, así como nuestra valoración de él.

Sullivan (2001) sugiere que la presencia de intimidaciones en los contextos educativos se debe situar en su punto justo, darle la importancia que tiene y lo que supone desde el punto de vista educativo y social. Agrega que, sin este cambio de actitud nuestras actuaciones estarán delimitadas y condicionadas por la apatía y el miedo a denunciar. Destaca que debe reflexionarse sobre el modelo de intervención que se quiere aplicar, con el pleno reconocimiento de que esto afectará al profesorado, a las familias, a la administración, a los poderes públicos y al alumnado, y de ahí su relevancia.

En tal sentido, Avilés (2010) indica que hay modelos que enfatizan lo punitivo, lo legal, lo moral, las consecuencias, los sentimientos de los participantes, etc., y desde el punto de vista de este autor, este problema, como muchos otros, no se puede abordar con garantías si no se cuenta con todos los que participan en él y prescindiendo de los aspectos inculpatorios de los personajes. Se necesita contar también con los agresores para resolverlo. Expone que dentro de los modelos de intervención, efectivamente, es un aspecto crucial el hecho de que todos tienen puntos positivos y también desventajas.

Distintos autores, como Rigby (2000) y Sullivan (2001), hacen hincapié en la cuestión de que las distintas orientaciones para intervenir sobre el bullying producen diferentes resultados, trasmiten mensajes distintos y conceden protagonismo dispar a los personajes del maltrato, destacando entre dichos enfoques tres tendencias relevantes, como son: los de *enfoque moralista; enfoque legalista o punitivo; y enfoque ecológico o humanístico* (cuadro 6.3).

Cuadro 6.3. Modelos de intervención ante el bullying.

Enfoque moralista	Enfoque legalista o punitivo	Enfoque ecológico o humanístico
Centra su actuación sobre quien ejerce la agresión y pretende hacerle reflexionar sobre los aspectos morales de su conducta. El objetivo es inculcar los valores morales que la escuela defiende en quienes no los han adquirido todavía. En este sentido, las actuaciones que sirven para ello pueden ser desde tener una charla con el orientador/a, que le explica cuáles son los valores de la escuela, los cuales hay que defender, pedir al agresor que escriba y describa el glosario de hechos ocurridos que atentan contra de esos valores y que reflexione. Incluso se puede incitar a que en ese escrito defienda a la persona a la que ha agredido. Igualmente, sus padres serán llamados a la escuela para recibir el mensaje "moral" de la conducta de su hijo y la posición que la escuela adopta ante ella.	Mucho más extendido que el anterior, basa su virtud fundamentalmente en las sanciones y los castigos. Más allá de su intención moralista, este enfoque trata de aplicar la ley sobre aquellos que actúan rompiendo alguno de su preceptos, mediante la aplicación de lo que recogen los reglamentos de régimen interno o similares con que normalmente se regulan los centros educativos. Las medidas que se toman son castigos para después de la clase, quedarse sin recreo, multas, expulsiones, trabajo para casa, detenciones, procesos judiciales e, incluso, si los hechos lo requieren, internamiento en un centro específico. Igual que el enfoque anterior, basa sus actuaciones en la perspectiva del déficit, que evalúa el fenómeno del bullying como una "carencia" que poseen los personajes que	Este modelo se centra fundamentalmente en los sentimientos de los sujetos. Existe en este enfoque un objetivo completamente decidido por parte de los adultos a entender a quien comete bullying sin un encasillamiento previo en un modelo de conducta esperado. Esto implica escuchar y establecer canales de comunicación que permitan por una parte conectar con lo que el agresor/a siente y piensa, y por otra, poner en común hechos que permitan iniciar cambios en las conductas. También se trata de conseguir que el agresor/a conozca los sentimientos de las víctimas, que pueda llegar a empatizar con ellas, que tenga remordimientos y que llegue al convencimiento de que está en una postura equivocada.

Un planteamiento así deja al margen completamente a la víctima de la resolución de las situaciones, utiliza los valores morales como presión para el cambio, apelando al sentido sobre derechos morales que puede tener el alumnado y promoviendo un código moral de que se hace depositaria la escuela.

Lógicamente su efectividad se va a ver muy condicionada por la autoridad moral que sea capaz de trasmitir la escuela y del nivel de receptividad del alumnado. Además, es un enfoque que no se preocupa por averiguar los motivos que tuvo el agresor/a para actuar, ni busca puntos comunes con éste/a para discutir y debatir. Perfectamente el agresor/a podría aprender cínicamente a escuchar las razones morales y luego actuar de otra forma.

participan en él, ya el agresor/a, ya la víctima, ya los testigos. Estos déficit hay que compensarlos, en el caso del agresor/a, mediante el adoctrinamiento moral en el caso del enfoque moral y mediante la disuasión del castigo y sus consecuencias en el enfoque punitivo. En cualquier caso, se trata de un modelo que sitúa en los agresores/as el problema, con la consiguiente culpabilización, favoreciendo poco respuestas integradoras de la conducta.

Cuando los casos de bullying, sobre todo físico, son graves y producen lesiones en la víctima, las actuaciones bajo este modelo favorecen aplicaciones legales para luchar contra la delincuencia.

Se trata de restaurar la relación. No se persigue que sean amigos/as, sino que se conozcan, que se sepan cómo se sienten y eso se generalice al grupo de iguales. Como el bullying es un proceso grupal, en él existen los que apoyan al agresor, los reforzadores de las agresiones, los indiferentes, los que pasan... Se trata de implicar a todos en resolver un problema que los adultos debemos conseguir que termine siendo para el grupo de preocupación compartida.

Con este enfoque es necesaria la participación de todos/as, incluso el agresor/a, que es instado/a a comprometerse, la víctima que cuenta cómo se siente cuando es agredido/a, el grupo de iguales que mantiene y soporta lo que sucede, las familias y el equipo docente.

FUENTE: Arellano (2007; 2010).

Por su parte, Arellano (2007) destaca la importancia que tiene la formación del docente dentro de la intervención del bullying, la cual debe ser permanente y continua, respondiendo así a las necesidades de los sujetos que participan en el hecho educativo; lo que supone la necesidad de desarrollar competencias no sólo en él. En tal sentido, Arellano (2010) plantea que el docente debe prestar atención a las manifestaciones del conflicto escolar en las instituciones educativas, como pueden ser la violencia escolar (agresión física a docentes por parte de alumnos, disputas entre alumnos que culminan en enfrentamientos físicos, agresión verbal a docentes, agresión a docentes a través de escritos –graffitis, periódicos, anónimos–, hechos de violencia con deterioro de bienes materiales de los docentes, deterioro de la infraestructura y mobiliario); resolviéndose estos hechos de violencia de manera punitiva a través de levantamiento de actas y suspensiones de clases. Lo anterior permite afirmar que en las instituciones objeto de estudio se atacan los conflictos de una manera contradictoria.

Arellano (2010) indica que se deben impulsar acciones de reflexión sobre las manifestaciones de violencia y su repercusión en las relaciones docente-alumno, clima escolar y actividades escolares, donde se discuta y analice el papel de los sujetos de la acción (profesores, directivos representantes y alumnos). De igual manera, se debe implementar un programa de adiestramiento, dirigido en primera instancia a la formación del personal que conforman los equipos directivos, en métodos alternativos de resolución de conflictos, comunicación asertiva, estrategias socializadoras y estrategias para la construcción de significados, es decir, en la prevención del conflicto. Con ello se busca impulsar proyectos educativos que formen personas para la convivencia, la comunicación asertiva, la participación, la solidaridad y el compromiso, en una cultura para la paz.

Díaz (2010) describe que para lograr una adecuada atención del fenómeno del bullying se deben elaborar y aplicar programas multidimensionales en los que es necesaria la participación de los actores, el respeto a una política de prevención, la instrumentalización y, finalmente, el respeto a una filosofía preventiva. En primera instancia, dentro de la *participación de los actores* se requiere que se involucren: padres y/o tutores; administración educativa; justicia y policía; centros de salud mental infanto-juvenil; organizaciones de barrio y culturales; servicios sociales comunitarios; servicios de atención al menor. En segundo lugar, dichos programas de prevención deben sustentarse en *una política de prevención*, la cual debe ser coherente y precisa;

debe estar redactada de forma clara, precisa y ser comprensible para todos los implicados; debe estar en armonía con el programa que se apoya; debe contemplar no sólo las agresiones de hecho y la aplicación de la tolerancia cero, sino, igualmente, prevenir las situaciones de posible violencia (Díaz, 2010). En tercer lugar debe considerarse *la instrumentalización de los programas*, en donde se necesita pensar en su aplicación, instrumentalización y apoyo que se requiere por parte de la administración; debe establecer un mecanismo de coordinación con otros servicios e instituciones; los alumnos deben participar en la redacción, aplicación y en la evaluación de los programas; deben adaptarse con medidas específicas para cada centro educativo; debe crearse un registro de programas de los distintos centros educativos que posibiliten contrastar los resultados de cada uno de ellos (Díaz, 2010).

Finalmente, respecto a la *filosofía* en la que deben sustentarse los programas: las consecuencias deben adaptarse a la edad del alumno que infringe las normas;[2] los documentos deben ser lo más completos y explícitos posible;[3] las medidas judiciales que puedan tomarse son competencia de los jueces, por tanto, debe quedar claro cuáles son las competencias judiciales de aquellas que corresponden a las autoridades escolares; deben establecerse medidas especiales de protección a niños con minusvalías física o psíquica; y todo programa debe ir acompañado de sistemas de evaluación de resultados (Díaz, 2010).

Díaz (2010) agrega que otras medidas o recomendaciones consisten en que, debe recaer siempre sobre la misma persona ante la necesidad de realizar comunicados a la prensa, debe crearse entusiasmo por parte de todas las partes implicadas con objeto de optimizar la adherencia y, finalmente, el programa debería contemplar la enseñanza a los docentes en técnicas de resolución de conflictos y de colaboración con otros organismos. Expone que son bastantes y numerosas las posibilidades de intervención, todas ellas se han implementado con diferentes resultados, el mismo autor distingue los denominados *programas proactivos o de orientación comunitaria*, los cuales por sus impactos han ofrecido resultados en la atención del bullying (cuadro 6.4).

---

[2] Su aplicación, obviamente, debe ser universal. Cualquier acto de violencia debe ser tratado siempre de la misma manera y debe contemplarse tanto la violencia de los alumnos como la del personal (docente o no).

[3] Medidas a tomar, servicio de intervención y prevención implicada, medidas explícitas de ayuda a las víctimas, subprogramas de perfeccionamiento del personal, participación activa de los afectados e interesados, establecer una política de detección precoz y subprograma de intervención en caso de urgencia. Deben basarse en políticas proactivas o de tipo comunitario

Cuadro 6.4. Programas preventivos del bullying.

Los programas de intervención/sanción (tipo-I)	Los programas de conducta esperada (tipo-II)	Los programas de detección/prevención (tipo-III)	Los programas de orientación comunitaria o proactivos (tipo-IV)
Son de naturaleza reactiva, se actúa cuando un individuo emite una conducta violenta y se basan en el principio de que la mejor forma de prevenir la violencia escolar es hacer saber que un determinado acto de indisciplina frente a un código de conducta conlleva una consecuencia. Es la filosofía de los denominados programas de "Tolerancia cero."	Se basan en el principio de que cuando existen unas reglas de convivencia justas, que se han hecho explícitas y son equitativas, se impide la conducta inaceptable. Estos programas, aunque contemplan consecuencias, ésta no es su filosofía, son programas que conllevan una actitud preventiva (se interviene antes de que aparezca la violencia).	Implican una política de detección precoz de las causas que producen la violencia a través del desarrollo de actividades que reduzcan la violencia y favorezcan relaciones interpersonales positivas. Se basan en el principio de que "el conflicto es inevitable", por tanto, hay que enseñar a los alumnos a saber reaccionar positivamente ante situaciones potencialmente conflictivas.	Parten del supuesto de que los orígenes profundos de la violencia están fuera del centro escolar, ya que el colegio no es en sí mismo una estructura violenta, esta es traída al centro escolar por los profesores y los alumnos. Se basan en el modelo de salud pública, implican una coordinación con instituciones y programas externos al colegio. Como praxis preventiva proponen métodos de enseñanza que favorezcan la implicación de alumnos y profesores en la resolución de conflictos. Suelen ser multidimensionales y requieren que sean aceptados por la población de riesgo, encontrándose integrados en la política general educativa, sanitaria y social.

Fuente: Díaz (2010).

Además de los modelos anteriores, este autor agrega la existencia de un *modelo proactivo o comunitario*, utilizado clásicamente en la salud pública. Distingue entre prevención primaria, secundaria y terciaria. La primera actuaría sobre las causas; la segunda sería la detección e intervención precoz; y la tercera la actuación sobre la violencia declarada con medidas de rehabilitación y reeducación de medidas muy puntuales (cuadro 6.5) (Díaz, 2010).

Por su parte, Weissberg y Ellias (1993) proponen integrar las actuaciones de prevención frente a la violencia en un marco integrado en un modelo de competencias sociales y de educación para la salud. Estos autores encuadran la violencia en una visión extensa del concepto de salud, y proponen una enseñanza planificada desde las guarderías hasta el final de la secundaria que contemple las diferentes fases del desarrollo psicológico, fundamentado en el aprendizaje de habilidades cognitivas y conductuales que generen actitudes, valores y una correcta percepción, y de aceptación de las normas sociales.

Cuadro 6.5. Modelos proactivos o comunitarios.

Medidas de prevención primaria	*Medidas de prevención secundaria*	*Prevención terciaria*
Consisten básicamente, en el desarrollo de medidas encaminadas a modificar aquellas situaciones socioculturales que favorezcan la violencia, y no difieren de las medidas generales de otros programas: • Sensibilizar al público en general con objeto de que adquieran compromisos con la prevención de la violencia en el contexto escolar. • Intervención comunitaria que mejore las condiciones sociales que favorecen la violencia:	Igual que en la situación anterior, en la detección e intervención precoz deben contemplarse una serie de medidas anteriores que las posibiliten. Igualmente, deben implicarse todos los estamentos que tengan que ver con la familia, servicios de atención al menor y servicios sociales comunitarios. Sólo un programa que sepa articular a estos estamentos tendrá posibilidades de éxito. Como medidas generales en el ámbito escolar, se proponen:	Plantea cómo actuar cuando la violencia ha aparecido. Existen algunas normas básicas que debemos seguir si queremos que las medidas que se tomarán sean realmente preventivas: la aplicación de castigos debe ser proporcional a la gravedad del acto violento y deberán estar basados en: • Un programa de expulsiones bien articulado.

Cuadro 6.5. (*Continuación.*)

Medidas de prevención primaria	Medidas de prevención secundaria	Prevención terciaria
mejorar las condiciones de hábitats, desarrollo de guarderías, servicios médicos y psicopedagógicos. • Establecer programas de intervención desde las guarderías, preescolar y secundaria que favorezcan conductas prosociales. • Reglamentación que regule la emisión de programas violentos en la TV cuando exista una audiencia mayoritariamente infantil. • Lucha contra el consumo de drogas.	• El establecimiento de normas antiviolencia claras, lógicas y de aplicación no arbitraria. • Desarrollo de programas que enseñen a los alumnos habilidades prosociales. • Regular las actividades escolares excesivamente competitivas. • Desarrollar una buena política escolar de promoción del deporte. • Desarrollar sentimientos de cooperación y solidaridad entre los alumnos. • Actuación inmediata de los actos violentos encaminando la situación hacia el estamento que mejor pueda resolverla.	• El establecimiento y desarrollo de medidas alternativas a la expulsión definitiva, articulándolas con un programa de actuación más general y no como única medida. • El establecimiento y desarrollo de modalidades escolares alternativas, ya sean transitorias o definitivas.

Fuente: Díaz (2010).

Finalmente, estos autores destacan la necesidad de considerar independientemente el diseño o implementación de cualquier tipo de proyecto o programa, una serie de acciones preventivas que posibiliten prevenir la violencia en las escuelas y que, a su vez, contribuyan a mejorar la calidad de la convivencia escolar, mejorando con ello la cantidad y calidad de la información sobre el problema (magnitud, características, evolución en el tiempo) y sus consecuencias; permita el desarrollo, evaluación y difundir metodologías de prevención e intervención, poniéndolas a disposición de la comunidad escolar. Así como la incorporación de la prevención de la violencia escolar plenamente en el quehacer educativo, desde la formación de los profesores hasta el trabajo diario en los salones de clases (cuadro 6.6) (Weissberg y Ellias, 1993).

Cuadro 6.6. Acciones preventivas.

Acciones para la prevención del bullying		
• No permitir la presencia de armas en el centro educativo, entendiendo por ello cualquier objeto que pueda causar daño físico.	• Política del centro educativo que favorezca un clima positivo.	• El responsable del programa debería trasmitir a los padres una serie de sugerencias que faciliten la operatividad del mismo:
• Vigilar el flujo de personas ajenas al centro educativo.	• Elaboración de un protocolo de actuación con secuencias explícitas a cada tipo de infracción y que debe ser conocido por profesores, alumnos y padres.	• Que hablen con sus hijos acerca de la conveniencia de los programas de disciplina.
• Controlar las conductas de intimidación y/o amenazas entre los alumnos.	• Acopio de las infracciones producidas y mecanismos para informar a las autoridades educativas.	• Que animen e involucren a sus hijos en el cumplimiento del mismo.
• No permitir el vandalismo: destrucción de material.	• Programas de perfeccionamiento del personal en técnicas y métodos de promoción de la seguridad y prevención de la violencia.	• Hablar con los hijos sobre la violencia en TV, video-juegos, etcétera.
• Monitorear el robo de pertenencias a compañeros o al centro educativo.		• Que les enseñen la conveniencia de resolver pacíficamente los problemas.
• Evitar la discriminación por razones de sexo, raza o aspecto / minusvalías físicas o psíquicas.	• Deben articularse mecanismos de enlace con la policía y los servicios de seguridad, así como los de urgencias sanitarias para los casos graves de violencia.	• Animarles a que enseñen a sus hijos a expresar la frustración y la ira de forma no violenta o peligrosa para los demás.
• Prohibir las peleas.		• Enseñarles a tolerar las diferencias.
• Agresiones, intimidación o acoso de tipo sexual.	• Creación de una comisión de seguimiento y evaluación del programa antiviolencia.	• Generar mecanismos que les facilite el poder pedir ayuda y orientación si fuera necesario.
• Evitar intimidaciones por escrito o verbal entre compañeros.	• Las medidas de expulsión deben quedar claramente definidas y todos los implicados deben tener conocimiento	• Animarles a que consulten si sus hijos manifiestan preocupaciones sobre amenazas o acciones violentas.
• Vigilar la organización de bandas o grupos de presión en el centro educativo.		• Si existen grupos juveniles de prevención de la violencia que participen.

Cuadro 6.6. (*Continuación.*)

Acciones para la prevención del bullying	
• Prohibir el consumo de alcohol, drogas o tabaco en el recinto escolar. • Definir claramente un código de conducta.	exacto de los elementos de violencia que las originan. • Elaboración de programas alternativos a la expulsión. • Creación de mecanismos de ayuda y apoyo a las víctimas de la violencia.	• Que los padres participen en los foros que se desarrollen en relación con la violencia escolar.

FUENTE: Díaz (2010); Fundación Paz Ciudadana (2005); Weissberg y Elias (1993).

Consideraciones finales

Originalmente el presente texto llevaría por título *Quiero ser sicario: el bullying en las escuelas*, tema por demás provocador, no sólo por exponer un deseo o aspiración ilícita, sino por tocar uno de los temas –al menos en el contexto y tiempo actual– de mayor sensibilidad y peligrosidad: ser sicario. Cuando se me interrogó originalmente sobre el título y su motivación –por parte de académicos y no académicos–, mi respuesta estribaba en la siguiente anécdota: como educador he tenido la oportunidad de visitar a lo largo de mi carrera profesional distintos escenarios académicos y educativos, en cada uno de ellos he visto y aprendido más con respecto a la conducta humana y, sobre todo, en cuanto a la problemática social. Pero la experiencia vivida en una visita a una escuela primaria de la ciudad de Torreón fue lo que desencadenó la presente obra, una situación que llamó mi atención cuando observada la dinámica de juego de un grupo de niños, no mayores de 10 años, que jugaban a lo que parecía un *enfrentamiento armado*, al acercarme y platicar con el que se percibía como líder del juego (un niño de 8 años, con un perfil claro de líder y don de mando), le pregunté: "¿A qué juegan?", respondiéndome: "A sicarios y militares."

Fue tal mi sorpresa que me dediqué a platicar con el niño sobre sus motivaciones para realizar esa actividad, sorprendiéndome aún más su respuesta: "Me gusta jugar así porque ser sicario es lo que yo quiero ser de grande, ellos tienen el dinero, el poder y además ponen a temblar a todos los pelones (militares), mi papá me dice que yo sea lo que quiera ser de grande, y si voy a ser sicario debo de ser el mejor." Mi rostro palideció y me llené de confusión, de desolación, de preocupación, no concebía lo que el niño me decía; en mi mente me

139

revoloteaban tales afirmaciones, no comprendía en qué estábamos fallando los educadores y los distintos actores educativos como para que los alumnos desde su imaginario colectivo concibieran como futuro profesional el ser sicario.

Al tiempo que reflexionaba sobre tales cuestiones, escuchaba un comunicado del presidente Felipe Calderón, dando su mensaje sobre el tema del combate contra el narcotráfico, señalando que "estamos ganando la batalla contra el crimen organizado, hemos aprehendido a 22 de los 35 más buscados".

En mis entrañas no cabía tanta inconsistencia, por un lado, se estaban arrestando criminales y, por el otro, ya se estaban capacitando los sucesores; para colmo de las cosas, en la ciudad de Saltillo (lugar donde actualmente resido) y en todo el estado de Coahuila se empiezan a desatar las confrontaciones directas de los sicarios (los *Zetas*) contra las Fuerzas Armadas mexicanas; convirtiéndose la mayor parte de los espacios públicos (centros comerciales, plazas públicas, entre otros) en verdaderos sitios de guerra; son comunes las balaceras, las granadas, los secuestros y los ajustes de cuentas; pero lo más extremo es la implementación de los estados de sitio escolar o toques de queda, es decir, que en cualquier momento es común recibir llamadas oficiales para cerrar escuelas, tratando con ello, de que los espacios educativos no se conviertan en sitios de balaceras o se tomaran en calidad de rehenes.

A la par, se empiezan a convertir las redes sociales virtuales, como el Facebook y Twitter, en los medios oficiales para informarse de las confrontaciones armadas, los muertos y persecuciones. Siendo común escuchar: "los sicarios van por tal calle…, no salgan en tal colonia…, a tal hora comenzará la balacera…, mataron a…, secuestraron a…". De forma simultánea, al reporte de los sitios "oficiales" de la nota del día, en mi espacio educativo comencé a escuchar "maestro no puedo ir a la escuela porque secuestraron a un familiar…", "me tocó una bala perdida y suerte que me alcancé a tirar al piso", "mataron al estudiante de tal facultad…", "maestro ¡tengo miedo!", a lo que respondía: "¡Yo también!" Punto que a final de cuentas definió el tema del presente libro, es decir, mi propio miedo ante lo que se estaba desatando.

En los días siguientes, los periódicos murales de las escuelas, antes utilizados para dar cuenta de la vida académica y estudiantil se comenzaron a utilizar como medios preventivos ante las balas y las granadas: "Cuando veas una granada tírate al piso y que tus piernas estén del lado de la metralla; si escuchas balazos, no te asomes, tírate al piso." Recuerdo que una publicación titulada: "De lo antisocial a asesinos en serie: apuntes para su discusión" (Acevedo, 2011), señalaba: "de no atender la antisocialidad en los niños estaremos viendo episodios de violencia extrema en nuestros contextos más cercanos". Tal pareciera que estaba dando la crónica de lo que acontecería meses después, y que en vez de hacer comentarios con base científica, estaba dando profecías, que en la actualidad se están cumpliendo.

Las anécdotas antes descritas colmaban mi preocupación e impotencia sobre el tema de la violencia y sus climas, pero sobre todo, se acrecentaba mi frustración por no encontrar respuestas ante la avalancha de inseguridad y conductas irracionales por parte de los distintos actores sociales (público-privado, académicos-no académicos, responsables de impartición de justicia-criminales, entre otros), sumergidos cada uno de ellos –en su justa dimensión y tenor– en climas de confrontación, de catastrofismo y de psicosis social. Pero, ¿qué hacer? ¿Cómo podemos, como sociedad, contribuir ante tal descomposición social que se está dando? ¿Qué tendría que hacer para con mis estudiantes en este ambiente de psicosis que estamos viviendo? Serían parte de las muchas interrogantes que me invadieron durante mi reflexión de lo que estábamos viviendo. Mientras trataba de encontrar respuestas y miraba por la ventana de mi oficina, una melodía captó mí atención, se trataba de *No hay nadie como tú.**

La lírica de la canción me resultaba pintoresca y divertida, lo más destacable era que servía de fondo musical a un grupo de señoras que hacían *aerobics* en un explanada a las afueras de mi centro de trabajo; describiré brevemente a dicho grupo: estaba integrado por aproximadamente 100 personas de diferentes edades, amas de casa de colonias populares de la periferia del centro educativo donde laboro, que llevan dos años sin faltar un solo día a sus rutinas, y cuyo horario coincide con el mío. Al ver a ese grupo de señoras constantes y entusiastas, valoré el tiempo que llevan haciendo sus actividades, con las implicaciones que eso conlleva (según las respectivas dinámicas familiares) e imaginándome historias de vida, y al ritmo de la canción y letra ya mencionada, comprendí –al menos desde mis propias limitaciones intelectuales– la necesidad de tales diferencias e incongruencias dentro de nuestra sociedad.

---

*Interpretada por Calle 13 y Café Tacuba. Sugerimos al lector escucharla.

Es decir, tales inconsistencias (caos, dicotomías, mundos parale-
los, mundos realistas y surrealistas) nos determinan las pautas a seguir, que independientemente del lado de la moneda en el que nos
ubiquemos, siempre seremos personas especiales, que haremos lo
que tengamos que hacer, bajo nuestras creencias, juicios y prejuicios,
valores, oficios y formaciones, haciendo cada cual lo necesario para
vivir su propia congruencia según los parámetros que posea. De tal
manera, desde mi congruencia y trinchera supe lo que tenía que hacer como académico, educador, actor social y padre de familia, es
decir, utilizar mi formación para generar un texto que contribuyera a
la reflexión, discusión, documentación y soporte teórico-referencial
sobre uno de los problemas sociales que en la actualidad está toman-
do rehenes sin cuartel, el *bullying*.

¡TENGO MIEDO! BULLYING EN LAS ESCUELAS ofrece ese sentir de estar
viviendo mi propia frustración frente al dramático clima de violencia
que se está percibiendo, o al menos, el que percibo, que a su vez, representa esa búsqueda por encontrar respuestas sobre lo que está pa-
sando en los contextos educativos. Esto me permite hacer y compartir
una revisión documental profunda sobre los principales aspectos teóricos, conceptuales y metodológicos del tema de bullying; visto como
vértice de las prácticas intimidatorias, de abuso y control frente a otros.

Se aborda en las presentes páginas, el proceso del bullying y su
percepción social, las distintas acentuaciones conceptuales, las causas,
los efectos, la tipología de la intimidación, el espacio donde se genera, los rasgos de la víctima, el agresor y los espectadores, y los distintos factores que intervienen. Las discusiones actuales, los estudios
en Europa, en América Latina y de manera específica en México, así
como las principales discusiones teóricas sobre la antisocialidad y el
bullying. La manera en la que se despliega la cultura de la intimidación y la creación de nuevos oficios violentos y delictivos. Tomo como
ejemplo tres casos, vistos como retratos de familia, como lo son *La
vida loca* de Poveda (historias de maras); El *Ponchis* (el niño sicario),
y la violencia como estilo de vida. Describo a la vez, la situación de
los bravucones en Coahuila, dentro de los centros educativos básicos,
medio superior y superior: sus dinámicas familiares, las cuestiones de
género, los tipos y frecuencia de intimidación, las motivaciones, el
contexto, las reproducciones del abuso y las acciones que se están
realizando en materia de los más vulnerables.

Despliegue teorico-empírico que posibilitó el compilar y proponer una serie de modelos preventivos que pueden contribuir a la

disminución de los bravucones, mediante la identificación de ciertos indicadores cruciales para su diagnóstico; las consideraciones de riesgo que deben atenderse a través de modelos de intervención concretos, dependiendo el escenario, identificando el contexto y actores involucrados.

Contenidos temáticos que le permitan al lector, identificar su propio nivel de congruencia y de participación frente al bullying, porque recordemos que lo más importante es que ¡No hay nadie como tú!, ¡No hay nadie, como tú! Para resolver este problema.

Anexos

ANEXO 1. CUESTIONARIO SOBRE INTIMIDACIÓN Y MALTRATO ENTRE IGUALES (CIMEI) DIRIGIDO A ALUMNOS DE SECUNDARIA

CONSEJERÍA DE EDUCACIÓN Y CIENCIA

Cuestionario sobre intimidación y maltrato entre iguales
(Secundaria)

ORTEGA, R., MORA-MERCHÁN, J. A. y MORA, J.

El cuestionario que tienes pretende ayudarnos a conocer cómo son las relaciones que se entablan entre los jóvenes de tu edad. Con la información que tú y otros chicos y chicas nos proporcionen, podremos identificar algunos de los problemas que a veces surgen entre ustedes. La información que nos den, especialmente si es sincera, es de gran importancia para intentar buscar las soluciones adecuadas, porque sólo tú sabes cómo te sientes ante determinadas situaciones.

Nombre del centro:		
Localidad: _____ Edad:		Sexo: hombre mujer
Curso: Grupo : Fecha:		

Cuestionario sobre intimidación y maltrato entre iguales

Instrucciones para responder el cuestionario

1. No pongas tu nombre en el cuadernillo, sólo rellena los datos que te piden.

2. Lee las preguntas detenidamente. Revisa <u>todas las opciones</u> y elige la respuesta que prefieras.

3. Elige sólo una respuesta, rodeando con un círculo la letra que tiene la opción a su lado. **Atención**, hay preguntas donde debes responder seleccionando más de una opción y otras donde puedes elegir todas las respuestas que quieras. En ambos casos se te indica en la misma pregunta.

4. En algunas preguntas aparece una opción que pone "otros". En estas preguntas, elígela si lo que tú responderías no se encuentra dentro de las otras opciones. Si rodeas esta opción escribe sobre la línea tu respuesta.

5. Cada vez que termines de contestar una hoja del cuestionario pasa a la siguiente.

6. Para rellenar el cuestionario utiliza un lápiz. Si te equivocas al responder corrige borrando, **no taches.**

7. Hay intimidación cuando algún chico o chica tienen por costumbre meter miedo o abusar de sus compañeros. Estas situaciones crean rabia y miedo por no poder defenderse. Cuando en el cuestionario hablamos de intimidación, nos referimos a estas situaciones.

8. Si te surge alguna pregunta mientras rellenas el cuestionario levanta la mano y te responderemos.

Pasa a la siguiente página

Cuestionario sobre intimidación y maltrato entre iguales

1. ¿Con quién vives?

    a) Con mi padre y mi madre.
    b) Sólo con uno de ellos.
    c) Con otros familiares.
    d) Otros _____

2. ¿Cuántos hermanos tienes? (sin contarte a ti).

    a) Ninguno.
    b) 1.
    c) 2.
    d) 3 o más.

3. ¿Cómo te encuentras en casa?

    a) Bien.
    b) Ni bien ni mal.
    c) Mal.

4. Señala cuáles de estas situaciones suceden en tu casa (puedes elegir más de una respuesta).

    a) Discusiones.
    b) Excursiones, fiestas.
    c) Peleas (algunos se pegan).
    d) Otras _____

5. ¿Cómo te llevas con la mayoría de compañeros y compañeras?

    a) Bien.
    b) Ni bien ni mal.
    c) Mal.

6. ¿Cuántos buenos amigos (amigos y amigas de verdad) tienes en tu instituto?

    a) Ninguno.
    b) 1.

c) Entre 2 y 5.
d) 6 o más.

7. ¿Cuántas veces te has sentido solo o sola en el recreo porque tus amigos no han querido estar contigo?

a) Nunca.
b) Pocas veces.
c) Muchas veces.

8. ¿Cómo te tratan tus profesores?

a) Bien.
b) Ni bien ni mal.
c) Mal.

9. ¿Cómo te va en el instituto?

a) Bien.
b) Ni bien ni mal.
c) Mal.

10. ¿Cuántas veces te han intimidado o maltratado algunos de tus compañeros o compañeras?

a) Nunca.
b) Pocas veces.
c) Muchas veces.

11. Si tus compañeros te han intimidado en alguna ocasión, ¿desde cuándo se producen estas situaciones?

a) Nadie me ha intimidado nunca.
b) Desde hace una semana.
c) Desde hace un mes.
d) Desde principios de curso.
e) Desde siempre.

12. ¿Hay alguien más que te intimide con frecuencia?

a) No.
b) Sí (si quieres dinos quién) _____

13. Si te han intimidado en alguna ocasión, ¿por qué crees que lo hicieron? (puedes elegir más de una respuesta).

   a) Nadie me ha intimidado nunca.
   b) No lo sé.
   c) Porque los provoqué.
   d) Porque soy diferente a ellos.
   e) Porque soy más débil.
   f) Por molestarme.
   g) Por gastarme una broma.
   h) Otros _____

14. ¿En qué clase están los que suelen intimidar a sus compañeros? (puedes elegir más de una respuesta).

   a) No lo sé.
   b) En la misma clase.
   c) En el mismo curso, pero en otra clase.
   d) En un curso superior.
   e) En un curso inferior.

15. ¿Quiénes suelen ser los que intimidan a sus compañeros o compañeras?

   a) No lo sé.
   b) Un chavo.
   c) Un grupo de chavos.
   d) Una chava.
   e) Un grupo de chavas.
   f) Un grupo de chavos y chavas.

16. ¿En qué lugares se suelen producir estas situaciones de intimidación o maltrato? (puedes elegir más de una respuesta).

   a) No lo sé.
   b) En la clase.
   c) En el patio.
   d) En la calle.
   e) Otros _____

17. ¿Quién suele parar las situaciones de intimidación?

   a) No lo sé.
   b) Nadie.
   c) Algún profesor.
   d) Algún compañero.

18. Si alguien te intimida, ¿hablas con alguien de lo que te sucede? (puedes elegir más de una respuesta).

   a) Nadie me intimida.
   b) No hablo con nadie.
   c) Con los profesores.
   d) Con mi familia.
   e) Con compañeros.

19. ¿Serías capaz de intimidar a alguno de tus compañeros en alguna ocasión?

   a) Nunca.
   b) No lo sé.
   c) Sí, si me provocan.
   d) Sí, si mis amigos lo hacen.
   e) Otras razones

20. Si has intimidado a algunos de tus compañeros, ¿te ha dicho alguien algo al respecto? (puedes elegir más de una respuesta).

   a) No he intimidado a nadie.
   b) Nadie me ha dicho nada.
   c) Sí, a mis profesores les ha parecido mal.
   d) Sí, a mi familia le ha parecido mal.
   e) Sí, a mis compañeros les ha parecido mal.
   f) Sí, mis profesores me dijeron que estaba bien.
   g) Sí, mi familia me dijo que estaba bien.
   h) Sí, mis compañeros me dijeron que estaba bien.

21. Si has participado en situaciones de intimidación hacia tus compañeros, ¿por qué lo hiciste? (puedes elegir más de una respuesta).

a) No he intimidado a nadie.
b) No lo sé.
c) Porque me provocaron.
d) Porque son distintos en algo (gitanos, payos, de otros sitios).
e) Porque eran más débiles.
f) Por molestar.
g) Por gastar una broma.
h) Otros _____

22. ¿Cuáles son a tu parecer las *dos* formas más frecuentes de intimi-
    dación o maltrato entre compañeros?

a) No lo sé.
b) Poner motes o dejar en ridículo.
c) Hacer daño físico (pegar, dar patadas, empujar).
d) Robo.
e) Amenazas.
f) Rechazo, aislamiento, no juntarse.
g) Otros _____

23. ¿Con qué frecuencia se dan intimidaciones en tu escuela?

a) Nunca.
b) Pocas veces.
c) Muchas veces.

24. ¿Cuántas veces has participado en intimidaciones a tus compañe-
    ros?

a) Nunca.
b) Pocas veces.
c) Muchas veces.

25. ¿Qué piensas de los chavos y chavas que intimidan a otros com-
    pañeros?

a) Nada, paso del tema.
b) Me parece mal.
c) Es normal que pase entre compañeros.
d) Hacen bien, tendrán sus motivos.

26. ¿Por qué crees que algunos chicos intimidan a otros? (puedes elegir más de una respuesta).

    a) No lo sé.
    b) Porque se meten con ellos.
    c) Porque son más fuertes.
    d) Por gastar una broma.
    e) Otras razones

27. ¿Qué sueles hacer cuando un compañero intimida a otro?

    a) Nada, paso del tema.
    b) Nada, aunque creo que debería hacer algo.
    c) Aviso a alguien que pueda parar la situación.
    d) Intento cortar la situación personalmente.

28. ¿Crees que habría que solucionar este problema?

    a) No sé.
    b) No.
    c) Sí.
    d) No se puede solucionar.

29. ¿Qué tendría que suceder para que se arreglase?

    a) No se puede arreglar.
    b) No sé.
    c) Que se haga algo (explica brevemente que):

    Los profesores

    Las familias

    Los compañeros

30. Si tienes algo que añadir sobre el tema que no te hayamos preguntado, puedes escribirlo a continuación. Si quieres escribir tu nombre, este es el momento de hacerlo.

ANEXO 2. CUESTIONARIO SOBRE INTIMIDACIÓN Y MALTRATO ENTRE IGUALES (CIMEI) DIRIGIDO A PROFESORES

CONSEJERÍA DE EDUCACIÓN Y CIENCIA

PROYECTO DE INVESTIGACIÓN SOBRE INTIMIDACIÓN Y MALTRATO ENTRE ESCOLARES
(SEC95-0659 PLAN NACIONAL I+D)

Cuestionario para profesores
ORTEGA, R., MORA-MERCHÁN, J. A. y MORA, J.

Como sabes, estamos estudiando las relaciones interpersonales entre compañeros escolares. Nuestro interés se centra, especialmente, en los problemas de violencia que entre ellos se dan. Este cuestionario pretende ayudarnos a conocer cómo son este tipo de relaciones y qué estrategias podemos diseñar para intervenir sobre este problema. Con las opiniones que tú nos proporciones facilitarás nuestra tarea y estarás colaborando en la mejora del clima sociopersonal de tu centro. Gracias por tus aportaciones.

Para contestar el cuestionario, completa con tus opiniones el espacio que se te proporciona. En algunas preguntas deberás circular la opción que se encuentre más de acuerdo con lo que opinas.

Nombre y apellidos:
Centro:
Curso que tutorías: Área:
Años de experiencia docente: Fecha:

Cuestionario para profesores

1. ¿Cómo definirías el clima de relaciones interpersonales en tu clase?

   a) Muy bueno (muy satisfactorio para ti y para los escolares).
   b) Bueno (es un buen clima, aunque aspectos concretos se podrían mejorar).

    c) Insatisfactorio (hay problemas de conjunto que no se resuelven fácilmente).

    d) Muy malo (hay problemas permanentes, resulta muy duro trabajar así).

2. Señala las dos principales causas a las que atribuyes las malas relaciones (violencia y agresividad) entre escolares. _____

3. ¿Qué haces para mejorar las relaciones interpersonales en tu clase o tutoría? _____

4. Si estás en el patio del recreo y tienes que distinguir entre lo que es simplemente un juego rudo y una auténtica agresión, ¿en qué aspectos (gestos, actitudes y hechos) te fijas?

Juego

Agresión

5. Nombra los tipos de actuaciones violentas más frecuentes entre los escolares. _____

6. ¿En qué lugares de la escuela y sus alrededores ocurren las agresiones/intimidaciones entre los escolares de tu centro? _____

7. ¿Qué sueles hacer cuando hay un conflicto de violencia entre escolares?

8. Describe brevemente los dos últimos conflictos reales entre escolares en los que te has visto implicado y cuál fue tu intervención. _____

9. Valora entre 1 y 5 las siguientes frases según tu grado de acuerdo:	Acuerdo				
Las relaciones interpersonales son uno de los objetivos más importantes del desarrollo de mi currículum.	1	2	3	4	5
Las agresiones y situaciones violentas son un grave problema en mi colegio.	1	2	3	4	5
Los problemas de violencia dependen, sobre todo, del contexto social y familiar del alumnado.	1	2	3	4	5

El profesor se encuentra indefenso ante los problemas de disciplina y agresiones del alumnado.	1	2	3	4	5
El propio profesor es en ocasiones el objeto de ataque del alumnado.	1	2	3	4	5
Los padres de los alumnos a menudo empeoran las situaciones de conflicto.	1	2	3	4	5
En los casos de violencia, me siento respaldado por el resto de compañeros de mi escuela.	1	2	3	4	5
En mi clase, suelo controlar y atajar los conflictos y agresiones, no llegando a ser un problema.	1	2	3	4	5
Los profesores, sin ayuda de otros profesionales, no estamos preparados para resolver los problemas de malas relaciones y violencia en la escuela.	1	2	3	4	5
Para eliminar los problemas de violencia es necesario que el equipo completo de profesores tome conciencia y se decida a actuar.	1	2	3	4	5
Para eliminar los problemas de violencia entre compañeros que se producen en la escuela, hay que implicar a las familias.	1	2	3	4	5
La carga lectiva e instruccional actúa como una exigencia que impide dedicarse a asuntos como los problemas de malas relaciones interpersonales.	1	2	3	4	5
Para eliminar los problemas de violencia y mejorar las relaciones interpersonales hay que modificar el currículum escolar.	1	2	3	4	5
Considero que comenzar un proyecto de intervención sobre las agresiones y violencia en esta escuela es una idea muy buena.	1	2	3	4	5
Si has valorado con 3, 4 o 5 la frase anterior, ¿estarías dispuesto a participar en un proyecto para desarrollar estrategias de intervención sobre este tema?	SÍ		NO		

A través de qué actuaciones educativas concretas:

10. Si quieres añadir algo más que no te hayamos preguntado y que consideres importante, este es el momento.

ANEXO 3. CUESTIONARIO SOBRE INTIMIDACIÓN Y MALTRATO ENTRE IGUALES

No. Folio _____

UNIVERSIDAD AUTÓNOMA DE COAHUILA
FACULTAD DE TRABAJO SOCIAL

Cuestionario sobre intimidación y maltrato entre iguales

Objetivo: Identificar algunas de las principales situaciones que pueden desencadenar problemas, que te puedan estar afectando en tu aprovechamiento escolar y crecimiento personal.

Instrucciones: Lee las preguntas detenidamente y elige la respuesta que prefieras.

Nombre del centro educativo:

Colonia: Edad: Sexo:

1	¿Con quién vives?			
	1. Con mi padre y mi madre	2. Sólo con uno de ellos	3. Con otros familiares	4. Otros _____
2	¿Cuántos hermanos tienes? (sin contarte a ti).			
	1. Ninguno	2. 1 (uno)	3. 2 (dos)	4. 3 o más.
3	¿Cómo te encuentras en casa?			
	1. Bien	2. Ni bien, ni mal	3. Mal	
4	Señala cuáles de estas situaciones suceden en tu casa (puedes elegir más de una respuesta)			
	1. Discusiones	2. Excursiones, fiestas	3. Peleas (algunos se pegan)	4. Otros
5	¿Cómo te llevas con la mayoría de los compañeros y compañeras?			
	1. Bien	2. Ni bien, ni mal	3. Mal	
6	¿Cuántos buenos amigos (amigos y amigas de verdad), tienes en tu escuela?			
	1. Ninguno.	2. 1 (uno)	3. Entre 2 y 5	4. 6 o más
7	¿Cuántas veces te has sentido solo o sola en el recreo, porque tus amigos no han querido estar contigo?			
	1. Nunca	2. Pocas veces	3. Muchas veces	

8	¿Cómo te tratan tus profesores?				
	1. Bien	2. Ni bien, ni mal	3. Mal		
9	¿Cómo te va en la escuela?				
	1. Bien	2. Ni bien, ni mal	3. Mal		
10	¿Cuántas veces te han intimidado o maltratado algunos de tus compañeros o compañeras?				
	1. Nunca	2. Pocas veces	3. Muchas veces		
11	Si tus compañeros te han intimidado en alguna ocasión, ¿desde cuándo se producen estas situaciones?				
	1. Nadie me ha intimidado nunca	2. Desde hace una semana	3. Desde hace un mes	4. Desde principios de curso	5. Desde siempre
12	¿Hay alguien más que te intimide con frecuencia?				
	1. No	2. Sí (si quieres dinos quién)_____			
13	Si te han intimidado en alguna ocasión, ¿por qué crees que lo hicieron? (puedes elegir más de una respuesta)				
	1. Nadie me ha intimidado nunca	2. No lo sé	3. Porque los provoqué	4. Porque soy diferente a ellos	
	5. Porque soy más débil	6. Por molestarme	7. Por gastarme una broma	8. Otros_____	
14	¿En qué salón están los estudiantes que suelen intimidar a tus compañeros o a ti?				
	1. No lo sé	2. En el mismo salón	3. En el mismo grado pero en otro salón	4. En un grado superior	5. En un grado inferior
15	¿Quiénes suelen ser los que intimidan a tus compañeros o compañeras?				
	1. No lo sé	2. Un compañero	3. Un grupo de compañeros	4. Una compañera	5. Un grupo de compañeras	6. Un grupo de compañeros y compañeras
16	¿En qué lugares se suelen producir estas situaciones de intimidación o maltrato? (puedes elegir más de una respuesta).				
	1. No lo sé	2. En el salón	3. En el patio	4. En la calle	4. Otros_____
17	¿Quién suele parar las situaciones de intimidación?				
	1. No lo sé	2. Nadie	3. Algún profesor	4. Algún compañero	

18	Si alguien te intimida, ¿hablas con alguien de lo que te sucede? (puedes elegir más de una respuesta).				
	1. Nadie me intimida	2. No hablo con nadie	3. Con los profesores	4. Con mi familia	5. Con compañeros

19	¿Serías capaz de intimidar a algunos de tus compañeros en alguna ocasión?				
	1. Nunca	2. No lo sé	3. Sí, si me provocan	4. Sí, si mis amigos lo hacen	5. Otras razones_____

20	Si has intimidado a algunos de tus compañeros, ¿te ha dicho alguien algo al respecto? (puedes elegir más de una respuesta).			
	1. No he intimidado a nadie	2. Nadie me ha dicho nada	3. Sí, a mis profesores les ha parecido mal	4. Sí, a mi familia le ha parecido mal
	5. Sí, a mis compañeros les ha parecido mal	6. Sí, mis profesores me dijeron que estaba bien	7. Sí, mi familia me dijo que estaba bien	8. Sí, mis compañeros me dijeron que estaba bien

21	Si has participado en situaciones de intimidación hacia tus compañeros, ¿por qué lo hiciste? (puedes elegir más de una respuesta).			
	1. No he intimidado a nadie	2. No lo sé	3. Porque me provocaron	4. Porque son distintos en algo
	5. Porque eran más débiles	6. Por molestar	7. Por hacer una broma	8. Otros _____

22	¿Cuáles son, a tu parecer, las dos formas más frecuentes de intimidación o maltrato entre compañeros?			
	1. No lo sé	2. Poner apodos o dejar en ridículo	3. Hacer daño físico (pegar, dar patadas, empujar)	4. Robo
	5. Amenazas	6. Rechazo, aislamiento, no juntarse	7. Otros _____	

23	¿Con qué frecuencia se dan intimidaciones en tu escuela?		
	1. Nunca	2. Pocas veces	3. Muchas veces

24	¿Cuántas veces has participado en intimidaciones a tus compañeros?		
	1. Nunca	2. Pocas veces	3. Muchas veces

25	¿Qué piensas de las personas que intimidan a otros compañeros?			
	1. Nada, no me interesa	2. Me parece mal	3. Es normal que pase entre compañeros	4. Hacen bien, tendrán sus motivos

26	¿Por qué crees que algunas personas intimidan a otras? (puedes elegir más de una respuesta).				
	1. No lo sé	2. Porque se meten con ellos	3. Porque son más fuertes	4. Por hacer una broma	5. Otras razones

27	¿Qué sueles hacer cuando un compañero intimida a otro?			
	1. Nada, no me interesa	2. Nada, aunque creo que debería hacer algo	3. Aviso a alguien que pueda detener la situación	4. Intento parar la situación personalmente

28	¿Crees que habría que solucionar este problema?			
	1. No sé	2. No	3. Sí	4. No se puede solucionar

29	¿Qué tendría que suceder para que se evite la intimidación?		
	1. No se puede arreglar	2. No sé	3. Que se haga algo

29.1	Explica brevemente, ¿qué se puede hacer?
	c1) Profesores:
	c2) Familia:
	c3) Compañeros:

30	Si tienes algo que añadir sobre el tema, que no te hayamos preguntado, puedes escribirlo a continuación

¡Gracias por tu colaboración!

Referencias bibliográficas

Abramovay, M., en Ccoicca, T. *Bullying y funcionalidad familiar en una Institución Educativa del Distrito de Comas*, Tesis no publicada, Universidad Nacional Federico Villarreal, Lima, Perú, 2010.

____, *Violencias nas escolas*, Brasilia, UNESCO, 37.061 A 161 V, 2004.

Acevedo, J., *El castigo infantil en Aguascalientes. Un modelo ecológico*. Tesis doctoral no publicada, Facultad de Trabajo Social y Desarrollo Humano, UANL, 2008.

____, *De lo antisocial a asesinos en serie. Apuntes para su discusión*. Plaza y Valdés, México, 2011.

____, *El castigo infantil en México: las prácticas ocultas*, Plaza y Valdés, México, 2010.

Ahmed, s/n. y s/n. Braithwaite, en: Daza, G. (2007). *La violencia de pares: malestar en la sociedad contemporánea*, Tesis Psicológica, **2**: 49-57,2004.

Alarcón, P., Vinet, E. y S. Salvo, "Estilos de personalidad y desadaptación social durante la adolescencia", *Psykhe* 2005, Universidad la Católica de Chile, Santiago de Chile, **14**: 3-16, 2005.

Alegre, L. P., *Violencia escolar, un síntoma de toda la sociedad*, Buenafuente, Buenos Aires, 2004.

Amemiya, I., Oliveros, M. y A. Barrientos, "Factores de riesgo de violencia escolar (*bullying*) severa en colegios privados de tres zonas de la sierra de Perú", *Anales de la Facultad de Medicina*, **70**: 255-258, 2009.

American Psychiatric Association, *Diagnostic and Statistical Manual of Mental Disorders*, 4th Ed., DSM-IV, Washington, DC, 2000.

Ander-Egg. E., *Diccionario del Trabajo Social*, Lumen, Buenos Aires, 1995.

Arellano, N., "La violencia escolar como manifestación de conflictos no resueltos". Recuperado el 2 de noviembre de 2010, de http://www.quadernsdigitals.net/datos_web/hemeroteca/r_1/nr_751/a_10207/10207.html

_____, "The violence in school and the provention of the conflict", _Revista ORBIS_, **3**: 23-45, 2007.

Aron, A. M. y N. Milicic, _Clima social y desarrollo personal. Un programa de mejoramiento_, Editorial Andrés Bello, Santiago, 1999.

Avilés, J. M., "Diferencias de atribución causal en el _bullying_ entre sus protagonistas", _Revista Electrónica de Investigación Psicoeducativa_, **4**: 201-220, 2006.

_____, _El maltrato entre escolares en el contexto de las conductas de acoso. Bullying en la escuela. Modelos de intervención_. Recuperado el 2 de noviembre de 2010, de http://www.stes.es/salud/Libro_Riesgos_laborales/c07a1.pdf

Báez, B. F. y J. E. Jiménez. "Contexto escolar y comportamiento social", en Rodrigo, M. J., _Contexto y desarrollo_, Síntesis, Madrid, 1994.

Baldry Farrington, en Daza, G., _La violencia de pares: malestar en la sociedad contemporánea_, Tesis Psicológica, **2**: 49-57, 2007.

Bandura, A., _Teoría del Aprendizaje Social_, 3a. ed., Espasa-Calpe, Madrid, 1987.

Bandura, A. y R. Walters, _Aprendizaje Social y Desarrollo de la Personalidad_, Alianza Editorial, Madrid, 1998.

Barbeito, C. y M. Caireta (2005), "Introducción de conceptos: paz, violencia, conflicto", Cuadernos de Educación para la Paz, Universidad Autónoma de Barcelona. Recuperado el 4 de noviembre de 2010, de http:www.pangea.org/unescopau/img/programas/educacion/publicacion002e.pdf

Barudy, J., _El dolor invisible. Una lectura ecosistémica del maltrato infantil_, Paidós, Barcelona, 1998.

Belinco, L., _Violencia escolar. Algunos apuntes para el análisis del fenómeno_. Cyber pediatría. Recuperado el 2 de noviembre de 2010, de http://www.cyberpediatria.com/

Belsey, B., _El bullying_. Recuperado el 1 de enero de 2011, de http://www.bullying.org/

Besag, V., _Bullies and Victims in School_, Open University Press: Milton Keines, 1989.

Bowlby, J., Note on Dr Lois Murphy's paper "Some aspects of the first relationship", _International Journal of Psycho-Analysis_, **45**: 44-66, 1964.

Bringuiotti, M., _La escuela ante los niños maltratados_, Paidós, Buenos Aires, 2000.

Bronfenbrenner, U., _The Experimental Ecology of Human Development_, Harvard University, Cambridge, 1979.

Cabezas, H. e I. Monge, "Maltrato entre iguales en la escuela costarricense", _Educación Revista de la Universidad de Costa Rica_, **31**: 135-144, 2007.

Cairns, R. B. y B. D. Cairns, "Social cognition and social networks: a developmental perspective", _The development and treatment of childhood aggression_, 249-278, 1991.

Carney, A. y K. Merrell, "Bullying in schools. Perspectives on understanding and preventing an international problem", *School Psychology International*, **22**: 364-382.

Castañeda, en, Ccoicca, T., *Bullying y funcionalidad familiar en una Institución Educativa del Distrito de Comas*, Tesis no publicada, Universidad Nacional Federico Villarreal, Lima, Perú, 2010.

Castillo, C. y M. Pacheco, "Perfil del maltrato (*bullying*) entre estudiantes de secundaria en la ciudad de Mérida, Yucatán", *Revista Mexicana de investigación Educativa*, **13**: 825-842, 2008.

Castro, V. y M. Fajardo, *Contexto social del desarrollo*, Psicoex, Badajoz, 1997.

Cava, M. J., Musitu, G. y S. Murgui, "Familia y violencia escolar: el rol mediador de la autoestima y la actitud hacia la autoridad institucional", *Psicothema*, Facultad de Psicología, Valencia, **18**: 367-373, 2006.

Cerezo, F., en Felip, N., "El acoso escolar. Revisión, análisis y contraste de algunas investigaciones", en Gázquez, J., Pérez, M., Cangas, A. y N. Yuste, *Situación actual de la violencia*, Dialnet, Barcelona, 2007.

_____, "Bullying: análisis de la situación en las aulas españolas", *International Journal of Psychology and Psychological Therapy*, **9**: 383-394, 2009.

_____, "Variables de personalidad asociada en la dinámica bullying (agresores *versus* víctimas) en niños y niñas de 10 a 15 años", *Anales de Psicología*, **17**: 37-43, 2001.

Ccoicca, T., *Bullying y funcionalidad familiar en una Institución Educativa del Distrito de Comas*, Tesis no publicada, Universidad Nacional Federico Villarreal, Lima, 2010.

Clémence, A., "Violence and security at school: The situation in Switzerland", en E. Debarbieux y Baya, C. (eds.). *Violence in schools. Ten approaches in Europe*, Issy-les-Moulineaux: ESF Editeur, 2001.

Cornejo, R. y J. Redondo, "El clima escolar percibido por los alumnos de enseñanza media. Una investigación en algunos liceos de la Región Metropolitana", *Última Década*, **15**: 11-52, 2001.

Consejo Escolar de Andalucía, en Felip, N., "El acoso escolar. Revisión, análisis y contraste de algunas investigaciones", en Gázquez, J., Pérez, M., Cangas, A. y Yuste, N. (2007), *Situación actual de la violencia*. Dialnet, Barcelona, 2006.

Contrapunto, "Christian Poveda: cayó con las botas de la imagen puestas". Recuperado 10 de septiembre de 2009, de hhtp://www.contrapunto.com.sv/cat-violencia/christian-poveda-cayo-con-las-botas-de-la-imagen-puestas

Cuevas, E., *El Supuesto. Blog Archive. Sobre La Vida Loca de Christian Poveda. Periódico de alumnos del ITAM.* Recuperado el 2 de noviembre de 2010, de *http://www.elsupuesto.itam.mx/wordexpress/?attachment_id=512*

Cuevas, M., "Violencia entre compañeros". Ponencia presentada en III Congreso de Psicología Cognitivo Conductual, Santiago de Cali, Colombia, 27-29 de septiembre de 2007, 2007.

Daza, G., *La violencia de pares: malestar en la sociedad contemporánea*. Tesis Psicológica, **2**: 49-57, 2007.

Defensor del Menor de la Comunidad de Madrid, en Felip, N. (2007), "El acoso escolar. Revisión, análisis y contraste de algunas investigaciones", en Gázquez, J., Pérez, M., Cangas, A. y N. Yuste (2007), *Situación actual de la violencia*. Dialnet, Barcelona, 2006.

Defensor del Pueblo-UNICEF, *Violencia escolar: el maltrato entre iguales en la educación secundaria obligatoria 1999-2006*, Defensor del Pueblo, Madrid, 1999.

____, *Violencia escolar: el maltrato entre iguales en la educación secundaria obligatoria*, Defensor del Pueblo, Madrid, 2000.

____, *Violencia escolar: el maltrato entre iguales en la educación secundaria obligatoria 1999-2006, Nuevo estudio y actualización del informe del 2000*, Defensor del Pueblo, Madrid, 2007.

Defensor del Pueblo de Euskadi, en Felip, N. (2007), "El acoso escolar. Revisión, análisis y contraste de algunas investigaciones", en Gázquez, J., Pérez, M., Cangas, A. y N. Yuste (2007), *Situación actual de la violencia*. Dialnet, Barcelona, 2006.

Debarbieux, E., *Violence à l'école. Un Défi mundial?*, Armand Colín, París, 2006.

Del Rey, R., *Convivencia escolar: un estudio psicoeducativo sobre el clima, disciplina y violencia (trabajo de investigación)*, Universidad de Sevilla, Sevilla, 2002.

Del Rey, R. y R. Ortega, "La violencia entre iguales en la escuela y en el ocio", *Revista Mexicana de Investigación Educativa*, **10**: 805-832, 2005.

____, "Bullying en los países pobres: prevalencia y coexistencia con otras formas de violencia", *International Journal of Psychology and Psychological Therapy*, **8**: 39-50, 2008.

____, "La formación del profesorado como respuesta a la violencia escolar. La propuesta del modelo Sevilla antiviolencia escolar", *Revista Interuniversitaria de Formación de Profesorado*, **41**: 59-71, 2001.

DEVIDA, en Ccoicca, T. (2010), *Bullying y funcionalidad familiar en una Institución Educativa del Distrito de Comas*. Tesis no publicada, Universidad Nacional Federico Villarreal, Lima, Perú, 2007.

Díaz-Aguado, M. J., "La violencia entre iguales en la adolescencia y su prevención desde la escuela", *Psicothema*, **17**: 549-558, 2005.

Díaz-Aguado, M. J., Martínez Arias, J. y M. Seoane, *Prevención de la violencia y lucha contra la exclusión social desde la adolescencia. Volumen uno. La violencia entre iguales en la escuela y en el ocio. Estudios comparativos e instrumentos de evaluación*, Instituto de la Juventud, Madrid, 2004.

Díaz, J., *La violencia escolar. Diagnóstico y prevención*. Recuperado el 2 de noviembre de 2010, de www.paidopsiquiatria.com/trabajos/violencia

Dodge, K., *The structure and function of reactive and proactive aggression*, Erlbaunm, Hillsdale, N. J., 2010.

Dollard, J. y N. Miller, *Personality and psychotherapy*, McGraw-Hill, 1950.

Duran, s/n., en Felip, N. (2007). "El acoso escolar. Revisión, análisis y contraste de algunas investigaciones", en Gázquez, J., Pérez, M., Cangas, A. y N. Yuste (2007), *Situación actual de la violencia*. Dialnet, Barcelona, 2004.

Echeburua, E., *Personalidades violentas*, Ediciones Pirámide, Madrid, España, 2000.

El Mundo (2010), "Atrapan al Ponchis". Recuperado el 3 de diciembre de 2010, de http://www.peru21.pe/noticia/678611/mexico-cae-sicario-14-anos

Eysenck, H. J., *Crime and Personality*, Paladín, Londres, 1977.

_____, *Crime and Personality*, 3a. ed., Paladín, Londres, 1981.

_____, *The Measurement of Personality*, MTP Press Limited, Lancaster, 1976.

Farré, M., *Diccionario de psicología*, Océano, Barcelona, 1999.

Farrington, D. P., "Age and Crime", en M. Tonry y N. Morris. *Crime and Justice*, University of Chicago Press, Chicago, 1986.

Felip, N., "El acoso escolar. Revisión, análisis y contraste de algunas investigaciones", en Gázquez, J., Pérez, M., Cangas, A. y N. Yuste (2007), *Situación actual de la violencia*, Dialnet, Barcelona, 2007.

Fernández, M., *Las habilidades sociales del educador. Un recurso clave en la relación de ayuda*, Trabajo presentado en las IV Jornadas de la Universidad Autónoma de Madrid, 2000.

Fernández, I. y G. Quevedo, "Como te chivees... ya verás", *Cuadernos de Pedagogía*, 11: 97-110, 1991.

Ferri, E., *Principios de derecho criminal, Delincuente y delito en la ciencia, la legislación y la jurisprudencia*, Rodríguez Muñoz, J. (trad.), Reus, Madrid, 1933.

Flores, R. (2006), "Violencia de género en la escuela: sus efectos en la identidad, en la autoestima y en el proyecto de vida", *OEI-Revista Iberoamericana de Educación, Número 38*. Recuperado el 2 de noviembre de 2010, de http:www.edicacionenvalores.org/article.php?id_article=1223

Fondevilla, G., "El hostigamiento laboral como forma de discriminación: un estudio cualitativo de percepción", *Revista Mexicana de Sociología*, **70**: 305-329, 2008.

Freud, S., *Civilization and its Discontents*, Hogarth, Londres, 1930.

Frías, M., E. López, A. Eréndida y S. Díaz, "Predictores de la conducta antisocial juvenil: un modelo ecológico", *Estudios de psicología*, Universidad de Sonora, **8(1)**,15-24, 2003.

Fundación Paz Ciudadana (2005), "Violencia escolar en Chile: situación actual y desafíos". Recuperado el 2 de noviembre de 2010, de http:www.bing.com/search?q=violencia+escolar+en+chile%2C+fundacion+paz&form=QBRE&filt=all&adlt=strict

Gades, s/n. (2010), *Plan de Acción Tutorial: Gades. La violencia escolar*. Recuperado el 2 de noviembre de 2010, de http://www.cepmotilla.es/tutor/gades/gades_habilidades.pdf

Gálvez, A., Moreno, M. y A. Pocó (2008), *AJETAB'AL (evaluador)*. Recuperado el 2 de noviembre de 2010, de http://www.mineduc.gob.gt/DIGEDUCA

Garaigordobil, M. y J. Oñederra, "Bullying: incidence of peer violence in the schools of the autonomous community of the basque country", *International Journal of Psychology and Psychological Therapy*, 1: 51-62, 2008.

García, s/n. y s/n. Martínez, en Felip, N. (2007), "El acoso escolar. Revisión, análisis y contraste de algunas investigaciones", en Gázquez, J., Pérez, M., Cangas, A. y N. Yuste (2007), *Situación actual de la violencia*, Dialnet, Barcelona, 2001.

_____, en Daza, G. (2007), *La violencia de pares: malestar en la sociedad contemporánea*, Tesis Psicológica, 2: 49-57, 2001.

García s/n. y s/n. Madriaza, en Ccoicca, T. (2010), *Bullying y funcionalidad familiar en una Institución Educativa del Distrito de Comas*, Tesis no publicada, Universidad Nacional Federico Villarreal, Lima, 2005.

_____, en Daza, G. (2007), *La violencia de pares: malestar en la sociedad contemporánea*, Tesis Psicológica, 2: 49-57, 2004.

Gasparoni, N. y S. Jordana, Reseña de "bullying e desrespeito: como acabar com essa cultura na escol". *Mental, Revista de saúde mental e subjetividad da UNIPAC*, 7: 163-166, 2006.

Gázquez, J., Cangas, A., Pérez, M., Padilla, D. y A. Cano, "Percepción de la violencia escolar por parte de los familiares: un estudio comparativo en cuatro países europeos", *International Journal of Clinical and Health Psychology*, 7: 93-105, 2007.

Generalitat de Catalunya, Departamento d'Enseyament I Departament d'Interior, *Joventut i seguretat a Catalunya*, Curs 2000-2001, Barcelona, 2001.

Genta, M. L., Menesini, E., Fonzi, A., Costabile, A. y P. K. Smith, "Bullies and victims school in central and southern Italy", *European journal of Psychology of Education*, 11: 97-110, 1996.

Germani, G., *Sociology of Modernization*, Transaction Books, New Brunswick, 1981.

Gimeno, E. A. (2004), "Conductas antisociales y desarrollo normal", *Revista de psicopatología, psicoanálisis-psicoterapia*, Barcelona. Recuperado el 2 de noviembre de 2010, de http://www.sarro-institut.org/colaboraciones.html

Gómez, A., "Violencia e institución educativa". *Revista Mexicana de Investigación Educativa*, 10: 693-718, 2005.

Gómez-Bahíllo, C., *Las relaciones de convivencia y conflicto escolar en los centros educativos aragoneses de enseñanza no universitaria*, Gobierno de Aragón, Departamento de Educación, Cultura y Deporte, 2006.

González, J. M. y Souza, J., *Encuesta Programa Vida Saludable/Adicciones*, Coordinación General de Extensión Universitaria, UA de C, Texto no publicado, 2009.

Gottfredson, M. y T. Hirschi, *A General Theory of Crime*, Stanford University Press, Palo Alto, 1990.

Govierno de Euskadi (2004), en Felip, N. (2007), "El acoso escolar. Revisión, análisis y contraste de algunas investigaciones", en Gázquez, J., Pérez, M., Cangas, A. y N. Yuste (2007), *Situación actual de la violencia*, Dialnet, Barcelona, 2004.

Grych s/n. y s/n. Fincham, en Daza, G. (2007), *La violencia de pares: malestar en la sociedad contemporánea*, Tesis psicológica, **2**: 49-57, 1990.

Gutiérrez, V., Toledo, M. y A. Magenzo (2010), *Relación entre intimidación (bullying) y clima en la sala de clases y su influencia sobre rendimiento de los estudiantes*. Recuperado el 2 de noviembre de 2010, de http://www.udp.cl/investigacion/repo_detalle.asp?id=73

Hassemer, W. y F. Muñoz, *Introducción a la criminología*, Tirant lo Blanch, Valencia, 2001.

Heinnemann, P., *Mobbing-Gruppvoald bard ouh vuxna I Mobbing-group violence by children and adults*, Natur och Kutur, Stockholm, 1972.

Hernández, J. (2010), *Mobbing/bullying un estado de la cuestión: hacia una propuesta analítica en el lugar de trabajo*. Recuperado el 2 de noviembre de 2010, de http://www.acosomoral.org/pdf/Amet06/hernandezm 19propia.pdf

Hernández, O. (2010), "Noticieros televisa: ¿Quién es el Chapo Guzmán?". Recuperado el 10 de noviembre de 2010, de http://www.esmas.com/noticierostelevisa/investigaciones/524029.html

Hernández, s/n. (2001), en Felip, N. (2007), "El acoso escolar. Revisión, análisis y contraste de algunas investigaciones", en Gázquez, J., Pérez, M., Cangas, A. y N. Yuste (2007), *Situación actual de la violencia*, Dialnet, Barcelona, 2001.

Herrenkohl, E., Herrenkohl, R. y B. Egolf, "Resilient Early School-age Children from Maltreating Homes: Outcomes in Late Adolescence", *American Journal of Orthopsychiatry*, **64(2)**: 301-309, 1994.

Herrero, C. (2006), *Delincuencia de menores tratamiento criminológico y jurídico*. Dykinson, España. Recuperado el 2 de noviembre de 2010, de http://site.ebrary.com/lib/univeraguascalientessp/Doc?id=10117215&ppg=74

Hirschi, T., *Causes of Delinquency*, University of California Press, Berkeley, 1969.

Hodgins, M., "Taking a Health Promotion Approach to the problem of bullying", *International Journal of Psychology and Psychological Therapy*, 8: 13-23, 2008.

Hoyos, O., "Caracterización del maltrato entre iguales en una muestra de colegios de Barranquilla", *Psicología desde el Caribe (Universidad del Norte)*, Colombia, **16**: 1-28, 2005.

Hunter, S., Mora, J. y R. Ortega, "The long-term effects of coping strategy use in victims of bullying", *The Spanish Journal of Psychology*, 7: 3-12, 2004.

Jiménez, A., "Videos contra el acoso escolar (*bullying*)", *Pixel-Bit. Revista de Medios y Educación*, **34**: 95-104, 2009.

Jiménez, M., Castellanos, M. y E. Chaux, "Manejo de casos de intimidación escolar: Métodos de preocupación compartida", *Pensamiento psicológico*, **6:** 69-85, 2009.

Kieger, P. y A. Mendes, "Desvendando o fenómeno bullying nas escolar públicas de Porto Alegre", *Revista Portuguesa de Educaçâo*, RS, Brazil, **22:** 249-267, 2009.

Khoury-Kassabri, M., Bendenishty, R. y A. Astor, "The effects of school climate, socioeconomics, and cultural factors on student victimization in Israel", *Social Work Research*, **29:** 165-180, 2005.

Landeo, V. (2006), "Agresividad infantil", Universidad de Psicología, Lima. Recuperado el 2 de noviembre de 2010, de http://www.psicoactiva. com/arti/default.asp?id=29&dp=0

Lange, J., *Verbrechen als schicksal*, George Thieme, Leipzig, 1929.

Lederach, J., *Construyendo la paz: reconciliación sostenible en sociedades divididas Gernika*, Gernika Gogoratuz, Centro de investigación por la Paz, Vizcaya, España, 1998.

Lemert, E. M., *Human Deviance, Social Problems and Social Control*, 2a. ed., Prentice-Hall, Englewood Cliffs, N. J., 1972.

Liebert, R. M. y L. L. Liebert, *Personalidad: estrategias y temas*, Thomson, México, 1999.

Lombroso, C., *Crime, its Causes and Remedies*, Boston, [1899]1911.

Lombroso, C., *Lúomo delinquente*, Bocca, Torino, 1876.

Lucena, s/n., en Felip, N. (2007), "El acoso escolar. Revisión, análisis y contraste de algunas investigaciones", en Gázquez, J., Pérez, M., Cangas, A. y N. Yuste (2007), *Situación actual de la violencia*, Dialnet, Barcelona, España, 2004.

Luciano, G., Marín, L. y M. Yuli, "Violencia en la escuela: ¿un problema y un desafío para la educación?", *Enseñanza e Investigación en Psicología*, **13:** 27-39, 2008.

Magendzo, A., Toledo, M. I. y C. Rosenfeld, *Intimidación entre estudiantes. ¿Cómo identificarla? ¿Cómo atenderla?*, LOM, Santiago, 2004.

Magenzo, A. y M. Tchimino (2010), *Violencia escolar*. Recuperado el 2 de noviembre de 2010, de http://www.emol.com/encuestas/educadores20/ pdf/segundo_periodo/04/Abraham%20Magendzo%20Clase_4_ Violencia_escolar.pdf

Mahady, M., Craig, W. y D. Pepler, "Emotional regulation and display in classroom bullying: Characteristic expressions of affect, coping styles and relevant contextual factors", *Social Development*, **2:** 226-244, 2000.

Maluf, s/n., Cevallos, s/n. y s/n Córdoba, en Ccoicca, T. (2010), *Bullying y funcionalidad familiar en una Institución Educativa del Distrito de Comas*, Tesis no publicada, Universidad Nacional Federico Villarreal, Lima, Perú, 2003.

Martínez, G. y M. Gras, "Las primeras manifestaciones de la conducta anti-social en la escuela, Universitat de Barcelona, revista electrónica inter-universitaria de formación del Profesorado-Continuación de la antigua Revista de Escuelas Normales. D.L. VA-369-99", *Revista electrónica interuniversitaria de formación del profesorado*, **5(4)**, 2002.

Martínez, J. J., *La agresividad de los niños*. Recuperado el 2 de noviembre de 2010, de http://www.consultasexual.com.mx/Documentos/agresividad.html

Martínez, J. M., Torres, V. y M. Vian, "Help Teams, Bullying and Interaction at School", *Research in educational psychology*, **6**: 863-886, 2008.

Martins, M. J., "O problema da violência escolar: uma clarificação e diferenciação de varios conceitos relacionados", *Revista Portuguesa de Educação*, **18**: 93-115, 2005.

Melús, I., Orejudo, S., Moreno, J., Escartín, M., Pueyo, L. M. y L. García (2010). "Predictores de Bullying en una muestra rural". Recuperado el 2 de noviembre de 2010, de http://www.iespijac.educa.aragon.es/convivencia/acoso.html#PREDICTORES%20DE%20BULLYING%20EN%20UNA%20MUESTRA%20RURAL

Menesini, E. y A. Smorti, "Strategie d'intervento scolastico", en Fonzi, A. (eds). *Il bullismo in Italia*, Giunti, Fierenzi, 1997.

Menesini, E. y R. Modaino (2001), *Tackling violence in school: A report from Italy*. Proyecto CONNECT. Recuperado el 2 de noviembre de 2010, de http://www.gold.ac.uk/connect/countryreports

Merton, R. K., "Social Structure and Anomie", *American Sociological Review* **3**: 672-682, 1938.

_____, *Teoría y estructura sociales*, Fondo de Cultura Económica, México, 1964.

Miller, N. y J. Dollard, *Social Learning and Imitation*, Universidad de Yale, New Haven, 1941.

Miranda, J. (2010), *El Universal*, "Ponchis, un sicario de apenas 12 años". Recuperado el 3 de diciembre de 2010, de http://www.lanacion.com.ar/nota.asp?nota_id=1322973; http://www.eluniversal.com.mx/notas/727737.html

_____, (2010b). *El Universal*, "Ponchis, atrapado". Recuperado el 3 de diciembre de 2010, de http://www.eluniversal.com.mx/notas/727737.html

Moreno, I., "Trastornos de la personalidad. Psicología práctica", *Revista de psicología*, **40**, 1992.

Moreno, J. M. (2004), "Comportamiento antisocial en los centros escolares: una visión desde Europa". España: Organización de Estados Iberoamericanos (OEI), *Revista Iberoamericana de Educación*, núm. 18, Ciencia, Tecnología y Sociedad ante la Educación. Recuperado el 2 de noviembre de 2010, de http://www.site.ebrary.com/lib/univeraguascalientessp/Doc?id=10070151&ppg=3

_____, *Variables que intervienen en el abandono físico o negligencia infantil comparativamente con otros tipos de maltrato infantil*, Tesis no publicada, Facultad de Educación. Departamento de Psicología y Sociología de la Educación, España, 2001.

Morita, Y., *Sociological study on the structure of bullying group*, University, Departament of Sociology, Osaka city 1985.

Nailor, P. y H. Cowie, "The effectiveness of peer support systems in challenging school bullying: the perspectives and the experience of teachers and pupils", *Journal of Adolescense*, **22**: 453-459, 1999.

Nansel, T. R., Overpeck, M., Pilla, R. S., Ruan, W. J., Simons-Morton, B. y P. Scheidt, "Bullying behavior among. U. S. youth: prevalence and associations with psychosocial adjustment", *Journal of the American Medical Association*, **285**: 2094-2100, 2001.

Ohsako, T., The developing World, en Smith, P. K. (eds.), *The nature school bullying: a cross-national perspective*, Routledge, Londres/ Nueva York, 1999.

Oliveros, M., Figueroa, L., Mayorga, G., Cano, B. y A. Barrientos, "Violencia escolar (*bullying*) en Colegios Estatales de Primaria en el Perú", *Revista Per Pediatria*, **61**: 215-220, 2008.

Oliveros, s/n. y s/n. Barrientos, 2007, en Ccoicca, T., *Bullying y funcionalidad familiar en una institución educativa del Distrito de Comas*. Tesis no publicada, Universidad Nacional Federico Villarreal, Lima, Perú, 2010.

Olweus, D., *Aggression in the school: Bullies and whipping boy*, Hemisphere, Washington, D. C., 1978.

_____, *Bullying among schools: Bullies and whipping boys*, Hemisphere, Washington, D. C., 1980.

_____, *Bullying at school. What we know and what we can do*, Blackwell, Oxford, 1993.

_____, *Conductas de acoso y amenaza entre escolares*, Morata, Madrid, 1998.

_____, *Hackkylingar och oversittare: forskning orn skol-mobbning*. Almqvist y Wiksell, Estocolmo, 1973.

_____, "Low school achievement and agressive behaviour in adolescent boy", en Magnusson, D. y V. Allen (eds.), *Human development. An interactional perspective*, Academic Press, Nueva York, 1983.

_____, "Peer Harassment. A Critical analysis and some Important Issues", en *Peer Harassment in School The Plight of the Vulnerable and Victimized*, Juvonen, J. y Graham, Nueva York, 2001.

_____, "Violencia interpersonal en los centros educativos de enseñanza secundaria. Un estudio sobre el maltrato e intimidación entre compañeros", *Revista de Educación*, **304**: 253-280, 1994.

Oñate, A. y I. Piñuel, *Informe Cisneros VII. Violencia y acoso escolar en alumnos de primaria, eso y bachiller*, Madrid, 2005.

Oñate, M. y R. Piñuel, en Ccoicca, T. (2010), *Bullying y funcionalidad fami-*

liar en una Institución Educativa del Distrito de Comas, Tesis no publicada, Universidad Nacional Federico Villarreal, Lima, 2007.

Oñederra, s/n., Martínez, s/n., Tambo, s/n. y s/n. Ubieta, en Felip, N. (2007), "El acoso escolar. Revisión, análisis y contraste de algunas investigaciones", en Gázquez, J., Pérez, M., Cangas, A. y N. Yuste (2007), *Situación actual de la violencia*, Dialnet, Barcelona, 2005.

O'Moore, A. M. y B. Hillery, "Bullying in Dublin Schools", *Irish Journal of Psychology*, **10**: 426-441, 1989.

Organización Mundial de la Salud (OMS), *Informe mundial sobre la violencia y la salud*, OMS, Ginebra, 2003.

Orte, s/n., en Felip, N. (2007), "El acoso escolar. Revisión, análisis y contraste de algunas investigaciones", en Gázquez, J., Pérez, M., Cangas, A. y N. Yuste (2007), *Situación actual de la violencia*, Dialnet, Barcelona, 1999.

Ortega, R., "A Global, Ecological and Cultural Model for Dealing with Problems of Violence in European Compulsory Schools", en 6th *Meeting of TMR Projet: Nature and Prevention of Bullying and Social Exclusion*, Cruz Quebrada-Dafundo, Lisboa, Nature and Prevention of Bullying and Social Exclusion Project, 2000.

_____, "Bullying in Andalusian Adolescentes. A study about the influence of Passage from Primary School to Secondary School", en VIIth *European Conference on Developmental Psychology*, European Society for Developmental Psychology, Kradów, Polonia, 1995.

_____, "Enseñanza de prevención de la violencia en escuelas de Centroamérica", *Informe para el Banco Internacional de Desarrollo*, Washington: BID, 2003.

_____, "Relaciones interpersonales en la educación. El problema de la violencia escolar en el siglo veinte", *Revista de Educación y Cultura*, **14**: 23-26, 1992.

_____, "Violencia escolar en Nicaragua. Un estudio descriptivo en escuelas de primaria", *Revista Mexicana de Investigación Educativa*, **26**: 787-804, 2005.

_____, "Violencia interpersonal en los centros educativos de Educación Secundaria: Un estudio sobre maltrato e intimidación entre compañeros", *Revista de Educación*, **304**: 253-280, 1994.

Ortega, R., Del Rey, R. y J. A. Mora-Merchán, "Violencia entre escolares. Conceptos y etiquetas verbales que definen el fenómeno del maltrato entre iguales", *Revista Interuniversitaria de Formación de Profesorado*, **41**: 95-113, 2001.

Ortega, R. y J. A. Mora-Merchán, "Víctimas y agresores. La autopercepción del maltrato entre compañeros escolares en el paso de la enseñanza primaria a la secundaria", Comunicación presentada en el II *Congreso Internacional de Psicología y Educación: Intervención psicopedagógica*, Madrid, 1995. Página 143 del libro de actas.

_____, *Violencia escolar. Mito o realidad*, Mergablum, Sevilla, 2000.

Osorio, C. A., *El niño maltratado*, Trillas, México, 1980.

Paredes, M., Álvarez, M., Lega, L. y A. Vernon. "Estudio exploratorio sobre el fenómeno del BULLYING en la ciudad de Cali, Colombia". *Revista Latinoamericana de Ciencias Sociales, Niñez y Juventud*, **6**: 295-317, 2008.

Pareja, J. A., *La violencia escolar en contextos interculturales. Un estudio en la ciudad autónoma de Ceuta*, Universidad de Granada, España, 2002.

Park, R. E., "The City: Suggestions for the Investigation of Human Behavior in the Urban Environment", en Park, B. y McKenzie, *The City*, University of Chicago Press, Chicago, 1925.

Patterson, G. R., *Coercitive Family Process*, Eugene, OR: Castalia, 1982.

_____, "The Aggressive Child: Victim and Architec of a Coercitive System", en Hamerlynck, L. A., Handy, L. C. y E. J. Mash (eds.). *Behavior Modification and Families. I. Theory and Research*, Brunner-Mazel, Nueva York, 367-376, 1976.

Pavlov, I. P., *Reflejos condicionados e inhibiciones*, Ediciones Península, Barcelona, 1972.

Pelorosso, A. y M. Etchevers (2004), "El uso de técnicas proyectivas y de entrevistas como descriptores de la tendencia y la conducta antisocial". Recuperado el 2 de noviembre de 2010, de http://www.winnicott.com.ar/antisocial.html#Principio

Pellegrini s/n. y s/n. Long, en Daza, G. (2007), "La violencia de pares: malestar en la sociedad contemporánea", *Tesis Psicológica*, **2**: 49-57, 2003.

Perry, D. G., Kusel, S. J. y L. C. Perry, "Victims of peer aggression", *Developmental psychology*, **24**: 807-814, 1988.

Piaget, J., *El juicio moral en el niño*, Paidós, París, 1939.

_____, *The Moral Judgment of the Child*, Kegan Paul, Trench, Trubner and Co., Londres, 1932.

Piñuel, I., *Acoso y violencia escolar en España*, Heidi, Madrid, 2007.

Portillo, N., "Estudios sobre pandillas juveniles en El Salvador y Centroamérica: una revisión de su dimensión participativa", *Apuntes de Psicología*, **21**: 475-493, 2003.

Prieto, M. T., Carrillo, J. C. y J. Jiménez, "La violencia escolar: un estudio en el nivel medio superior", *Revista Mexicana de Investigación Educativa*, **10**: 1027-1045, 2005.

Proceso, Edición especial No. 33, "Los rostros del Narco", CISA, México, 2011.

Quay, H. C., "Psychopathic Behavior: Reflection on its Nature, Origins and Treatment", en Uzgiris, I. C. y F. Weizmann (eds.), *The Structuring of Experience*, Plenum, Nueva York, 371-383, 1977.

Rabazo, M. J., *Interacción familiar, competencia socio-escolar y comportamiento disocial en adolescentes*, Tesis doctoral no publicada, Departamento de

Psicología y Sociología de la Educación, Facultad de Educación, Universidad de Extremadura, 1999.

Ramírez, S., *El maltrato entre escolares y otras conductas problemas para la convivencia: Un estudio desde el contexto del grupo-clase*, Universidad de Granada, 2006.

Reátiga, M., "Los recuerdos del maltrato entre compañeros de la vida escolar", *Psicología desde el Caribe*, **23**: 132-147, 2009.

Rigby, K., "Effects of peer victimisation in schools and perceived social support on adolescent well-being", *Journal of Adolescent*, **23**: 57-68, 2000.

Rigby, K. y P. T. Slee, "Bullying among Australian school children; reporting behavior and attitudes towards victims", *Journal of social psychology*, **131**: 615-627, 1991.

River, s/n., en Hunter, S., Mora, J. y R. Ortega (2004), "The long-term effects of coping strategy use in victims of bullying", *The Spanish Journal of Psychology*, **7**: 3-12, 1999.

Roca, C. y M. A. Manso, 2010. "El maltrato entre iguales: programa de sensibilización de REA y recursos del *bullyin* desde la página web de REA". Recuperado el 2 de noviembre de 2010, de www.asociacionrea.org

Rodríguez, A., Escartín, J., Visauta, B., Porrúa, C. y J. Martín, "Categorization and Hierarchy of Workplace Bullying Strategies. A Delphi Survey". *The Spanish Journal of Psychology*, **13**: 297-308, 2010.

Rodríguez, M. y J. Palomero, 2001. "Violencia en las aulas", *Revista interuniversitaria de formación del Profesorado No. 41*. Recuperado el 2 de noviembre de 2010, de http://www.aufop.org/publica/reifp/02y5n2.as

Rodríguez, R., Seoane, A. y J. L. Massa, "Children against children: Bullying as an emerging disorder", *An pediatric (Barc)*, **62**: 162-166, 2006.

Rogers, C. y P. Kutnick, *Psicología social de la escuela primaria*. Ediciones Paidós Ibérica, 1992.

Sacayón, E., *Un llanto ante la sociedad: violencia en el sistema escolar*. IDEI/Serviprensa, Guatemala, 2003.

Sáenz, s/n., en Felip, N. (2007), "El acoso escolar. Revisión, análisis y contraste de algunas investigaciones", en Gázquez, J., Pérez, M., Cangas, A. y N. Yuste (2007), *Situación actual de la violencia*, Dialnet, Barcelona, 2005.

Salmivalli, C., Huttunen, A. y K. Lagerspetz, "Peer Networks and Bullying in Schools", *Scandanavian Journal of Psychology*, **38**: 305-312, 1997.

Santacruz, M. L. y A. Concha-Eastman, *Barrio adentro. La solidaridad violenta de las pandillas*, Instituto Universitario de Opinión Pública, El Salvador, 2002.

Santacruz, M. L. y N. Portillo, *Agresores y agredidos*, Instituto Universitario de Opinión Pública, El Salvador, 2002.

Schäfer, M., "Aggression unter Schülern, Eine Bestabdsaufbahme über das Schikanieren in der Sshule am Beispiel der 6. und 8". Klassenstufe. *Report Psychologie*, **21**: 700-711,1996.

Seguin, s/n., Assand, s/n., Nagin, s/n. y s/n Tremblay, "Cognitive Neuropsy-chological Function in Chronic Psychical Aggression and Hyoeractuvu-ty", *Journal of Abnormal Psychology*, 113: 603-613, 2004.

Serrano, A. e I. Iborra, *Violencia entre compañeros en la escuela*, Centro Reina Sofía para el Estudio de la Violencia, Madrid, 2005.

Síndic de Greuges de la Comunidad Valenciana, *L´scola, espai de convivencia i conflictes*, Informe especial, Alacant, 2007.

Síndic de Greuges de la Generalitat de Catalunya, *Concicencia i conflictos als centres educatius*, Informe extraordinari, 2006.

Smith, P. K., "Research on bullying in schools: the first 25 years", en Tsuchi-ya, M., Smith, P. K., Goodman, R. y M. Taki (eds.), *Bullying in Schools* (pp. 10-32). Oxford Kobe University Seminars, Kobe, 2003.

Smith, P. K., Bowers, L., Binneey, V. y H. Cowie, "Relationship of children involved in bully-victim problems at school", en Duck, S. (ed.), *Understanding relationship process, vol. 2: Learning about relationships*, Sage Publications, Newbury Park, C. A., 1993.

Smith, P. K., Morita, Y., Junger-Tas, J., Olweus, D., Catalana, R. y P. Slee, *The nature of bullying. A cross national perspective*, Routledge, Londres, 1999.

Smith, P. K. y S. Sharp, *School bullying: insights and perspectives*, Routledge, Londres, 1994.

Smorti, A., Mckeough, A., Ciucci, E. y D. Misfeld, "Narrative thought of aggressive and non aggressive children: A cultural comparison", en IX European Conference of Developmental Psychology, European Society for Developmental Psychology, Spetses, Grecia, 1999.

Stevens, V., De Bourdeauhuij, I. y P. Van Oost, "Bullying in Flemish schools: an evaluation of antibullying intervention in primary and secondary schools", *British Journal of Educational Psychology*, 70: 195-210, 2000.

Straus, M. A. y K. G. Kaufman, *Nueva evidencia para los beneficios del zu-rrar (golpear, dar un manazo en la cabeza)*, sep.-oct., t. 38, núm. 6, New Brunswick, 529 pp, 2001.

Sullivan, s/n., 2001, en Avilés, J. M. (2010), *El maltrato entre escolares en el contexto de las conductas de acos, Bullying en la escuela, Modelos de intervención*. Recuperado el 2 de noviembre de 2010, de http://www.stes.es/salud/Libro_Riesgos_laborales/c07a1.pdf

Sutton, J., Smith, P. K. y J. Swettenham, "Bullying and 'theory of mind': a critique of the 'social skills deficit' view of anti-social behavior", *Social developmental*, 8: 117-127, 1999.

Sutton, J. y P. Smith, "Bullying as a Group Process: An Adaptation of the Participant Role Scale Approach", *Aggressive Behavior*, 25: 97-111, 1999.

Taki, M., "Relation among bullying, stress and stressor: A follow-up survey using panel data and a comparative survey between Japan and Austra-lia", *Japanese Society*, 5: 25-40, 2001.

Tattum, D. P., *Understanding and managing bullying*, Heinemann Books, Londres, 1993.

Tinbergen, s/n., en Daza, G. (2007), *La violencia de pares: malestar en la sociedad contemporánea*, Tesis Psicológica, **2**: 49-57, 1951.

Tresgallo, E., 2007, *Violencia escolar ("fenómeno bullying") documento para padres, alumnos y profesores*. Recuperado el 2 de noviembre de 2010, de http://www.educacionenvalores.org/Violencia-escolar-Fenomeno.html

UNESCO, en Ccoicca, T. (2010), *Bullying y funcionalidad familiar en una Institución Educativa del Distrito de Comas*, Tesis no publicada, Universidad Nacional Federico Villarreal, Lima, 2001.

UNICEF 2005, *Estado mundial de la infancia 2005: la infancia amenazada*, Fondo de las Naciones Unidas para la Infancia. Recuperado el 2 de noviembre de 2010, de http://www.unicef.org/spanish/publications/files/SOWC_2005_(Spanish).pdf

Villegas, J. M. (1997), Estudios. "Teoría penal del acoso moral: *mobbing, bullying, blockbusting*. Recuperado el 2 de noviembre de 2010, de http://www.mjusticia.es/cs/Satellite?blobcol=urldescarga&blobheader=application%2Fpdf&blobkey=id&blobtable=Boletin&blobwhere=112841453 3858&ssbinary=true

Vizcardi, s/n., en Ccoicca, T. (2010), *Bullying y funcionalidad familiar en una Institución Educativa del Distrito de Comas*, Tesis no publicada, Universidad Nacional Federico Villarreal, Lima, 2003.

Weissberg, s/n. y s/n. Ellias, 1993, en Díaz, J. (2010), *La violencia escolar. Diagnóstico y prevención*. Recuperado el 2 de noviembre de 2010, de http://www.paidopsiquiatria.com/trabajos/violencia

Whitney, I. y P. Smith, "A Survey of the Nature and Extent of Bullying in Junior/Middle and Secondary Schools", *Educational Research*, **35**: 3-25, 1993.

Winnicott, D. W., "La teoría de la relación paterno-filial", *El proceso de maduración del niño*, Laia, Barcelona, 1975, 1960.

Yonerama, S. y K. Rigby, "Bully/victim students & classroom climate", *Youth Studies Australia*, **25**: 34-41, 2006.

Yubero, S., C. Serna e I. Martínez, *Fracaso escolar y violencia en la escuela: factores psicológicos y sociales*, Universidad de Castilla-La Mancha, Boletín informativo Trabajo Social, 2006.

Índice onomástico

Abramovay, M., 50, 77
Acevedo, J., 13-14, 23, 26-27, 42,
    79, 87-88, 91, 125, 141
Ahmed, 60, 74
Alarcón, P., 90
Alegre, L., 16
Álvarez, 18, 33, 35, 38, 42-43
Amemiya, I., 14-15, 18, 25, 30, 35,
    40
Ander-Egg, E., 88, 128
Arellano, N., 16-17, 132
Aron, A., 16
Assand, 59
Astor, A., 17
Avilés, J., 18, 22, 24-25, 27, 32-33,
    36, 38, 44, 52, 120, 128-129

Báez, B., 60, 71
Baldry, F., 60, 74
Bandura, A., 59-60, 64, 69, 94
Barbeito, C., 15
Barrientos, A., 14-15, 18, 25, 30,
    35, 40, 55
Barudy, J., 25
Belinco, L., 16, 58, 128
Beltrán Leyva, A., 92
Beltrán Leyva, H., 92
Bendenishty, R., 17

Besag, V., 22
Binney, V., 22
Bowers, L., 22
Bowlby, J., 60, 74
Braithwaite, 60, 74
Bringuiotti, M., 16
Bronfenbrenner, U., 74

Cabezas, H., 18-19, 25, 28, 30, 32,
    34, 36, 38
Caireta, M., 15
Cairns, R., 32
Calderón, F., 140
Cangas, A., 31
Cano, A., 15, 31
Carrillo, J., 57, 105
Castañeda, 50
Castillo, C., 45, 56-57
Catalana, R., 44
Ccoicca, T., 18, 20-21, 23, 26, 28,
    31-34, 47, 55, 76n, 120, 124-125
Cerezo, F., 20-21, 27, 29, 31, 40,
    49, 51
Cevallos, 55
Cisneros, 47
Ciucci, E., 44
Clémence, A., 21
Concha-Eastman, A., 56

Córdova, 55
Cornejo, R., 16
Costabile, A., 41
Cowie, H., 22
Craig, W., 59
Cressey, 94-95
Cuevas, E., 50, 86-87

Daza, G., 59
De Bourdeauhuij, 49
Debarbieux, E., 44
Del Rey, R., 22, 42, 44, 47, 123
Díaz, J., 36-38, 79, 125, 132-133, 136
Díaz-Aguado, M., 19, 27, 35, 40, 49
Dodge, K., 22
Dollard, J., 60, 69, 88
Durán, 52

Echeburúa, E., 59, 63
Ellias, 135-136
Escartín, M., 18, 22
Etchevers, 80
Eysenck, H., 59, 63

Farré, M., 90
Farrington, D., 59-60, 67-68, 74
Felip, N., 49, 55
Fernández, M., 17
Ferri, E., 59, 61
Figueroa, L., 15
Finchman, 60, 75
Flores, R., 89
Fonzi, A., 41
Freud, S., 59-61, 70, 94
Frías, M., 79

Gálvez, A., 18
Garaigordobil, M., 20, 25
García, L., 18, 22, 49, 51, 55, 60,
    72-73
Gázquez, J., 31
Genta, M., 41
Germani, G., 89

Gimeno, E., 82
Gómez, A., 57
Gómez-Bahíllo, C., 53
Gottfredson, M., 59, 66
Gras, M., 78, 89
Grych, 60, 75
Gutiérrez, V., 16-17, 20, 44
Guzmán Loera, J., 87

Hassemer, W., 59, 66
Heinnemann, P., 18, 22
Hernández, J., 49, 51
Herrero, C., 89-90
Hillery, B., 41
Hirschi, T., 59, 65-66
Hoyos, O., 45
Hughes, T., 41
Hunter, S., 48
Huttunen, A., 59

Jiménez, J., 18, 57, 60, 71, 105
Junger-Tas, J., 44

Kaufman, K., 88
Khoury-Kassabri, M., 17
Kutnick, P., 60, 71

Lagerspetz, K., 59
Lange, J., 59, 62
Lederach, J., 16
Lega, 18, 33, 35, 38, 42-43
Lemert, E., 59, 66
Liebert, R., 88
Lombroso, C., 59, 61
Long, 60, 72
López, A., 79
Lucena, 52
Luciano, G., 16, 19, 40, 128

Madriaza, 55, 60, 72-73
Magendzo, A., 20
Magenzo, A., 14-17, 20, 23, 25c,
    27-28, 44

Mahady, M., 59
Maluf, 55
Marín, G., 16, 19, 40, 128
Martínez, G., 18, 49, 51-52, 54, 60, 78
Martinis, 27
Massa, 30
Mayorga, G., 15
Mckeough, A., 44
Melús, I., 18, 22, 29, 32
Menesini, E., 41, 44
Meter, 17
Milicic, 16
Miller, N., 60, 69, 88
Miranda, J., 91n-92, 94
Misfeld, D., 44
Modaino, R., 44
Monge, I., 18-19, 28, 30, 32, 34, 36, 38
Montelongo, R., 95n
Mora, J., 22, 48, 123, 145, 153
Mora-Merchán, J., 41-42, 44, 47, 145, 153
Moreno, M., 18, 22, 77-79, 81, 88, 90
Morita, Y., 41, 44
Muñoz, F., 59, 66

Nagin, 59
Nansel, T., 41

O'Moore, A., 41
Oliveros, M., 14-15, 18, 25, 30, 35, 40, 55
Olweus, D., 18-20, 22, 31, 33, 36, 38, 42-44, 60, 74, 76, 120, 125
Oñate, A., 47, 53
Oñedera, J., 20, 25, 54
Orejudo, S., 18, 22
Orte, 49, 51
Ortega, R., 19, 22, 41-44, 48, 58, 85, 123, 145
Osorio, C., 78
Overpeck, 41

Pacheco, M., 56
Padilla, D., 31
Palomero, J., 15
Paredes, M., 18, 33, 35, 38, 42-43
Pareja, J., 52
Park, R., 59, 64, 94-95
Patterson, G., 68
Pavlov, I., 60, 69
Pellegrini, 60, 72
Pelorosso, A., 80
Pepler, D., 59
Pérez, M., 31
Perry, D., 41
Piaget, J., 67
Pilla, 41
Piñuel, I., 47, 53, 124
Pocó, A., 18
Ponchis, 91-95
Portillo, N., 41, 56
Poveda, 85n-87, 142
Prieto, M., 57, 105
Pueyo, L., 18, 22

Quay, H., 59, 62
Quevedo, 41

Rabazo, M., 81, 83c-84, 91
Ramírez, S., 53
Reátiga, M., 50
Redondo, J., 16
Rigby, K., 17, 31, 42, 60, 75-76, 129
River, 48
Rodríguez, A., 15, 30
Rogers, C., 60, 71
Rosenfeld, 20
Ruan, 41

Sacayón, E., 56
Sáenz, 53
Salmivalli, C., 59
Salvo, S., 90
Santacruz, M., 56, 85

Schäfer, 41
Scheidt, 41
Seguin, 59
Seoane, 30, 52
Serna, 78
Serrano, S., 31, 52
Sharp, 41, 44
Simons-Morton, 41
Slee, P., 41, 44
Smith, P., 22, 41, 44, 59
Smorti, A., 44
Solís, C., 93
Stevens, V., 49
Sullivan, 129
Sutherland, 94-95
Sutton, J., 22, 59
Sweting, 22
Swettenham, J., 22

Tambo, 54
Tattum, D., 41
Tchimino, M., 14-15, 23, 25c, 28

Tinbergen, 60, 70
Toledo, M., 16-17, 20, 27, 44
Torres, V., 18
Tremblay, 59

Ubieta, 54

Valdez Villarreal, E., 92
Van Oost, P., 49
Vernon, 18, 33, 35, 38, 42-43
Vian, M., 18
Villegas, J., 18
Vinet, E., 90
Vizcardi, 50

Weissberg, 135-136
West, 22
Winnicott, D., 79

Yonerama, S., 17
Yubero, S., 78
Yuli, M., 16, 19, 40, 128

Índice analítico

Acosador, tipos de, 33-34
Acoso
    escolar, 21
    sexual, 78
Agresión, formas de, 18
Agresor, 31
    rasgos del, 32-33
    perfil del, 125-127
Amistad en la escuela, 107n
Antisocialidad
    definición de, 80
    origen de la, 94
Antivalores, 89

Bandas juveniles, 85
Bullies. *Véase* Agresor
Bullying
    características del, 19, 124
    causas del, 22, 24
    conductas del, 124
    criterios para descubrir el, 30
    definición de, 18-21, 43, 78
    efectos del, 25-27
    espacio del, 31
    estudios de, 47-59
    factores, 39
        de riesgo familiares del, 23
    fases del, 124

físico, 78
identificación del, 124
intervención en el, modelos de, 128-133
leve, 30
percepción social del, 13
psicológico, 78
severo, 30
síntomas del, 20
social, 78
solución del, 49
tipos de, 28-30
variables de estudio del, 45
verbal, 78
y antisocialidad, 59

Carteles de drogas, 91-93
Centros educativos, vulnerabilidad de los, 24
Ciberbullying, 29, 124
Clima escolar, 16
Conductas
    agresivas, 21
    antisociales, 13-14, 79-83, 94
        categorías de las, 77
        elementos que propician las, 89
        en contexto urbano, 89

teorías sobre las, 61
delictivas, 79, 82-83, 95

Dating violence, 19
Delincuencia
  callejera, 90
  como estilo de vida, 101
Delitos callejeros, 89

Espectadores, 38-39

Golpes, 25

Innovaciones educativas, 128, 94
Intimidación, 107
  acciones contra el, 111-113
  contexto de la, 109
  en preparatoria y facultades, 114
  en primaria y secundaria, 105
  frecuencia de la, 111
  motivos de la, 108-109
  población más vulnerable a la, 119
  por género, frecuencia de la, 108,
    115-118
  tipología de la, 27

Mara Salvatrucha, 85n
Mobbing, 30

Pandilla, 86, 98-99, 101-102
Personalidad agresiva, factores de
  una, 60
Prevención del bullying, modelos de,
  123, 134-137

Relaciones y dinámicas familiares y
  escolares, 106

Sicario, 140
  niños, 91-95

Teoría del desarrollo emocional, 79
Trastorno(s)

adaptativo con alteración mixta
  de la emoción y de la conducta, 37
de conducta, 37
de estrés postraumático, 30
desafiante, 37
disociales, sintomatología de los,
  83
explosivo intermitente, 37
por déficit de atención con hiperactividad, 36

Vandalismo, 90
Víctima, 31
  activa, 35
  pasiva, 34, 36
  perfil de la, 126-127
  provocadora, 34-36
  rasgos de la, 34
Violencia
  clima de, 13
  como estilo de vida, 95
  de alumnos a docentes, 28
  de docentes
    a alumnos, 28
    a padres, 28
  definición de, 14, 16
  directa, 15
  efectos de la, 16
  entre docentes, 29
  escolar, 16, 42, 132
    definición de, 58
    ejes de la, 58
  generada por el crimen organiza-
    do y narcotráfico, 97
  indirecta, 15
  interpersonal, 46
  intrafamliar, 97-98
  juvenil, 97
    factores de la, 100
  niveles de, 14-15
  silenciosa, 40
  urbana, 90

La publicación de esta obra la realizó
Editorial Trillas, S. A. de C. V.

División Administrativa, Av. Río Churubusco 385,
Col. Gral. Pedro María Anaya, C. P. 03340, México, D. F.
Tel. 56884233, FAX 56041364

División Comercial, Calzada de la Viga 1132, C. P. 09439
México, D. F. Tel. 56330995, FAX 56330870

Se imprimió en junio de 2012,
en Impresora Publimex, S. A. de C. V.

B 90 TASS